FIANCO ORIENTALE / THE EAST FACE

1-5. Formelle esagonali di Andrea Pisano e aiuto, *La navigazione, Ercole e Caco, L'agricoltura, La theatrica, L'architettura* / Hexagonal reliefs by Andrea Pisano and assistant, *Navigation, Hercules and Cacus, Agriculture, The art of theater, Architecture*

6. *Agnus Dei*; copie di Francesco Talenti, *Cristo in gloria (?)* tra *due Profeti (?)* di Nanni di Bartolo (?) / *Agnus Dei*; copies of Francesco Talenti, *Christ in Glory (?)* between *Two Prophets (?)* by Nanni di Bartolo (?)

7-13. Formelle a losanga della bottega di Andrea Pisano, *Astronomia, Musica, Geometria, Grammatica, Retorica, Logica, Aritmetica* / Lozenge-shaped reliefs from Andrea Pisano's workshop, *Astronomy, Music, Geometry, Grammar, Rhetoric, Logic, Arithmetic*

14. Donatello, *Profeta imberbe / Beardless Prophet*

15. Nanni di Bartolo (attr.), *Profeta barbuto / Bearded Prophet*

16. Donatello e (and) Nanni di Bartolo, *Sacrificio di Isacco / Sacrifice of Isaac*

17. Donatello, *Profeta pensieroso / Thoughtfull Prophet*

FIANCO SETTENTRIONALE / THE NORTH FACE

1-2. Formelle esagonali di Andrea Pisano, *Fidia ossia la scultura, Apelle ossia la dialettica* / Hexagonal reliefs by Andrea Pisano, *Phidias: the art of sculpture, Apelles: the art of painting*

3-7. Formelle esagonali di Luca della Robbia, *Donato (o Prisciano) ossia la grammatica, Platone e Aristotele ossia la dialettica, Orfeo ossia la musica, Euclide e Pitagora ossia la geometria e l'aritmetica, Pitagora ossia l'astrologia (l'armonia)* / Hexagonal reliefs by Luca della Robbia, *Donatus (or Priscian): grammar, Plato and Aristotle: dialectics, Orpheus: music, Euclid and Pythagoras: geometry and arithmetic, Pythagoras: astrology (harmony)*

8-14. Formelle a losanga della bottega di Andrea Pisano, *Sacramento del Battesimo, Sacramento della Riconciliazione, Sacramento del Matrimonio, Sacramento dell'Ordine Sacro, Sacramento della Cresima, Sacramento dell'Eucarestia, Sacramento dell'Estrema Unzione* / Lozenge-shaped reliefs from Andrea Pisano's workshop, The Sacrament of Baptism, The Sacrament of Reconciliation, *The Sacrament of Matrimony, The Sacrament of Holy Orders, The Sacrament of Confirmation, The Sacrament of Eucharist, The Sacrament of Extreme Unction*; Andrea Pisano, *Madonna con Bambino / Madonna and Child*

15. Nino Pisano, *Sibilla Tiburtina / Tiburtine Sibyl*

16. Andrea Pisano, *Re Davide / King David*

17. Andrea Pisano, *Re Salomone / King Solomon*

18. Nino Pisano, *Sibilla Eritrea / Eritrean Sibyl*

FIANCO OCCIDENTALE
THE WEST FACE

FIANCO MERIDIONALE
THE SOUTH FACE

FIANCO ORIENTALE
THE EAST FACE

FIANCO SETTENTRIONALE
THE NORTH FACE

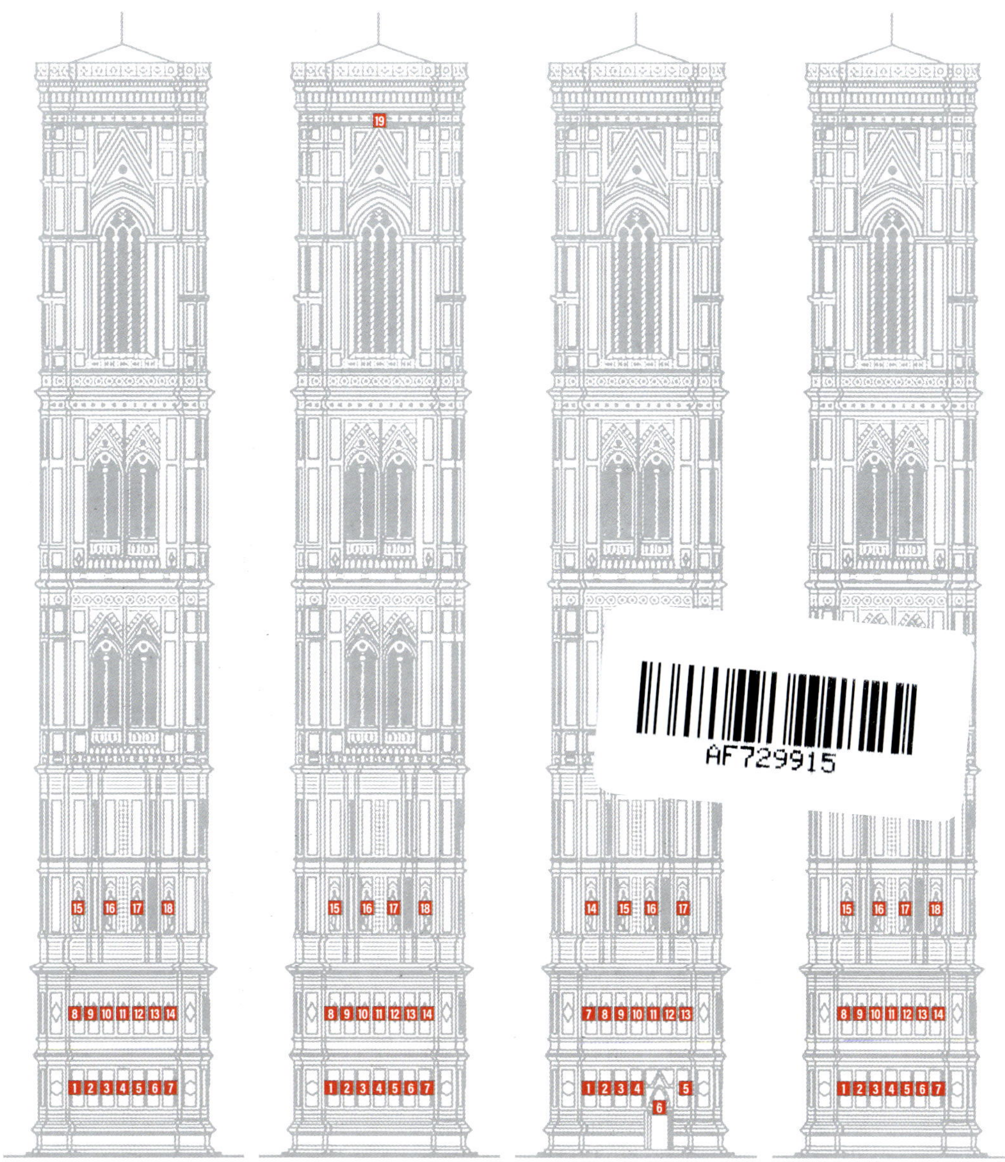

INDICE / CONTENTS

◄◄◄ Inquadra i QR per immagini in Gigapixel
◄◄◄ Scan QR codes for Gigapixel images

L'OPERA DI SANTA MARIA DEL FIORE
THE OPERA DI SANTA MARIA DEL FIORE

FIRENZE
FLORENCE

DUOMO, CUPOLA, CAMPANILE, BATTISTERO, SANTA REPARATA
CATHEDRAL, DOME, BELL TOWER, BAPTISTERY, SANTA REPARATA

SCRIPTA MANEANT EDITORE

VISITA IL SITO

VISIT WEBSITE

Domenico di Michelino, *Dante, Firenze e i Regni della Divina Commedia*, 1465, tempera su tela applicata su tavola, Cattedrale di Santa Maria del Fiore, navata sinistra. Dettaglio.

Domenico di Michelino, *Dante, Florence and the Kingdoms of the Divine Comedy*, 1465, tempera on canvas applied to board, Cathedral of Santa Maria del Fiore, left aisle. Detail.

LA PIAZZA, LA SUA STORIA E L'OPERA DI SANTA MARIA DEL FIORE

THE PIAZZA, ITS HISTORY, AND THE OPERA DI SANTA MARIA DEL FIORE

Centro spirituale, simbolico, identitario e topografico di Firenze, l'area di circa 11.000 metri quadrati oggi costituita da **Piazza del Duomo** e **Piazza San Giovanni** è definita da un complesso di tre edifici monumentali di eccezionale valore. A ovest splende il prisma ottagonale del **Battistero di San Giovanni**, gioiello del romanico toscano, rivestito da marmi bianchi e verdi intarsiati a motivi geometrici e caratterizzato dalle tre celebri porte in bronzo dorato di Andrea Pisano e Lorenzo Ghiberti. Allineata lungo la direttrice est-ovest, si distende la mastodontica mole della **Cattedrale di Santa Maria del Fiore**, eretta tra il 1296 e la fine del Quattrocento in sostituzione della **basilica paleocristiana di Santa Reparata**, i cui resti archeologici sono oggi visitabili in un suggestivo percorso ipogeo. La sua facciata è riccamente ornata in stile neogotico, mentre l'area presbiteriale, a est, è dominata dalla monumentale **Cupola del Brunelleschi**, capolavoro del Rinascimento, che si erge come edificio più alto della città, divenendone il simbolo per eccellenza. Al suo fianco svetta il **Campanile detto "di Giotto"**, capolavoro del gotico italiano e una delle più belle torri campanarie del mondo: ornato da marmi bianchi e rossi, sculture e bassorilievi è articolato su più livelli con tre logge e una terrazza sommitale. Il perimetro di questa ampia area urbana è segnato da straordinari luoghi d'interesse. A sud-ovest si trovano la trecentesca **loggia del Bigallo** e la **sede dell'Arciconfraternita della Misericordia**, con i rispettivi musei. Le segue, lungo il lato meridionale, il prospetto rettilineo dei palazzi dei canonici, ornati dalle statue-ritratto ottocentesche di Arnolfo di Cambio e Filippo Brunelleschi. A ovest

The spiritual, symbolic, identity-defining, and topographical heart of Florence, the area of approximately 11,000 square meters now encompassing **Piazza del Duomo** and **Piazza San Giovanni** is defined by a group of three monumental buildings of exceptional value. To the west rises the octagonal prism of the **Baptistery of St. John**, a jewel of Tuscan Romanesque art, clad in white and green marble inlaid with geometric motifs and adorned with the three celebrated gilded bronze doors by Andrea Pisano and Lorenzo Ghiberti. Stretching along the east–west axis stands the imposing mass of the **Cathedral of Santa Maria del Fiore**, built between 1296 and the late fifteenth century to replace the early **Christian Basilica of Santa Reparata**, whose archaeological remains can now be visited in a suggestive underground route. Its façade is richly decorated in Neo-Gothic style, while the presbytery area to the east is dominated by **Brunelleschi's monumental Dome**, a masterpiece of the Renaissance, which rises as the tallest building in the city and has become its foremost symbol. Beside it soars **'Giotto's Bell Tower'**, a masterpiece of Italian Gothic architecture and one of the most beautiful campaniles in the world. Adorned with white and red marble, sculptures, and bas-reliefs, it is articulated into several levels with three loggias and a panoramic terrace at the top. The perimeter of this vast urban area is marked by extraordinary landmarks. To the southwest are the fourteenth-century **Loggia del Bigallo** and the **seat of the Archconfraternity of the Misericordia**, both with their respective museums. Following along the southern side is the straight façade of the canons' residences, adorned with nineteenth-century portrait statues of Arnolfo di Cambio and Filippo Brunelleschi. To the

Veduta del complesso monumentale di Santa Maria del Fiore.

View of the Santa Maria del Fiore monumental building.

si erge la facciata cinquecentesca del **Palazzo Arcivescovile** mentre, proseguendo verso nord, si incontra l'antica sede dei canonici di San Giovanni, oggi centro polifunzionale dell'Opera, con il bel portale rinascimentale e la fronte in pietra. Il lato settentrionale prosegue in una successione di edifici antichi, il cui profilo irregolare segue la pianta della Cattedrale e comprende, verso

west rises the sixteenth-century façade of the **Archbishop's Palace**. Continuing north, one encounters the former residence of the canons of Saint John, now a multipurpose center of the Opera, featuring a beautiful Renaissance portal and a stone façade. The northern side unfolds in a succession of ancient buildings with irregular profiles that follow the footprint of the Cathedral and include, toward the

La terrazza settentrionale della Cattedrale, ricavata all'altezza dei tetti delle navate laterali per permettere il transito degli operai addetti alla manutenzione, è aperta al pubblico dal 1985.

The northern terrace of the Cathedral, built at the height of the roofs of the side naves to allow the passage of maintenance workers, has been open to the public since 1985.

est, il **Museo dell'Opera del Duomo**, già sede degli uffici dell'Opera e della corte destinata alla lavorazione di marmi e legname. Al suo fianco, chiude il giro il **Palazzo Guadagni Strozzi Sacrati**, che oggi ospita Regione Toscana. Completano l'arredo della piazza due segni commemorativi: a nord del Battistero la **colonna trecentesca detta "di San Zanobi"**, eretta a ricordo di un celebre miracolo del

east, the **Opera del Duomo Museum**, formerly home to the Opera's offices and the courtyard where marble and wood were once processed. Next to it stands **Palazzo Guadagni Strozzi Sacrati**, now housing the Government of Tuscany. Two commemorative markers complete the square's setting: to the north of the Baptistery stands the **fourteenth-century column known as the 'Column of Saint Zanobi'**, erected in memory of a fa-

Veduta della facciata della Cattedrale di Santa Maria del Fiore, del Campanile e di parte del Battistero.

View of the façade of the Cathedral of Santa Maria del Fiore, the Bell Tower and part of the Baptistery.

santo; e, alle spalle della Cattedrale, il **disco marmoreo** che segna dove cadde la palla dorata della cupola quando nel 1601 fu colpita da un fulmine.

La storia di questo spazio unico risale alla fondazione stessa della città, tra il 59 e il 10 a.C.: a quel tempo l'area dell'odierna piazza si trovava a ridosso del tratto nord-orientale delle mura della *Florentia* romana e vi sorgeva un quartiere di ric-

mous miracle of the Saint; and behind the Cathedral, a **marble disc** marks the spot where the dome's gilded ball fell in 1601 after being struck by lightning.

The history of this unique space dates back to the very foundation of the city, between 59 and 10 BC. At that time, the area of the present-day piazza lay near the northeastern section of the walls of Roman *Florentia* and hosted a neighborhood of

La facciata neogotica della Cattedrale di Santa Maria del Fiore è un capolavoro progettato da Emilio De Fabris nell'Ottocento e fu ornata dai migliori artisti toscani del tempo.

Il Battistero di Firenze in un dettaglio della tela di Bernardino Poccetti, *San Zanobi battezza il popolo fiorentino*, 1589, Cattedrale di Santa Maria del Fiore, navata destra.

The neo-Gothic façade of the Cathedral of Santa Maria del Fiore is a masterpiece designed by Emilio De Fabris in the 19th century and was decorated by the finest Tuscan artists of the time.

The Baptistery of Florence in a detail from Bernardino Poccetti's painting, *Saint Zanobi baptises the Florentine people*, 1589, Cathedral of Santa Maria del Fiore, right aisle.

che *domus*. Non era quindi presente uno spazio dedicato al culto, sebbene una leggenda racconti che il Battistero sia un antico tempio dedicato a Marte, poi convertito in chiesa. L'area conobbe una prima destinazione religiosa tra il IV e il V secolo, quando qui fu eretta la basilica di Santa Reparata, la prima chiesa all'interno delle mura romane, che avrebbe poi assunto il titolo di cattedrale verso il IX secolo. L'edificio, di dimensioni impor-

wealthy *domus*. There was no area yet designated for worship, although legend has it that the Baptistery was originally a temple dedicated to Mars, later converted into a church. The area was first used for religious purposes between the 4th and 5th centuries, when the Basilica of Santa Reparata was built here—the first church within the Roman walls—which would later become the city's cathedral around the 9th century. The sizeable and richly dec-

Il Battistero di San Giovanni, che sorge di fronte alla Cattedrale, fu consacrato nel 1059 da papa Niccolò II, ma era creduto in passato un tempio romano dedicato a Marte.

The Baptistery of St. John, which stands opposite the Cathedral, was consecrated in 1059 by Pope Nicholas II, but was previously believed to be a Roman temple dedicated to Mars.

tanti e riccamente decorato, era preceduto da un porticato, di fronte al quale sorgeva un'area cimiteriale. Ma è nel corso del Medioevo che questo spazio acquistò una specifica identità, arricchendosi di edifici, che formarono un unico complesso sacro intorno alla Cattedrale: il Battistero antistante, consacrato nel 1059; la **chiesa di San Salvatore** e il **palazzo vescovile** a ovest; la **chiesa di San Michele Visdomini** a nord-est;

orated building was preceded by a portico, in front of which lay a cemetery area. It was during the Middle Ages, however, that this space took on a distinct identity, enriched by buildings forming a unified sacred complex around the Cathedral: the Baptistery in front, consecrated in 1059; the **Church of Saint Saviour** and the **Bishop's Palace** to the west; the **Church of Saint Michael Visdomini** to the northeast; **a hospital dedicated to**

Veduta del fianco sud della Cattedrale di Santa Maria del Fiore, una delle chiese più grandi del mondo: lunga 153 metri, larga 90 alla crociera e alta 92 dal pavimento alla lanterna della Cupola.

South side view of the Cathedral of Santa Maria del Fiore, one of the largest churches in the world: 153 metres long, 90 metres wide at the transept and 92 metres high from the floor to the lantern of the Dome.

un ospedale intitolato a San Giovanni Evangelista sul lato settentrionale e, infine, la residenza dei canonici sul lato opposto. Un momento chiave si registrò poi alla fine del XIII secolo quando, sotto la spinta di un picco demografico, economico e culturale senza precedenti, si decise la costruzione della nuova, immensa, Cattedrale. Numerose abitazioni vennero abbattute per far spazio al nuovo edificio e si formò così una piazza più ampia, sebbene ancora circoscritta entro un dedalo di case-torri. Un primo tentativo di monumentalizzazione unitaria avvenne nel Cinquecento quando, demolita l'incompiuta facciata della Cattedrale, si ipotizzò di creare un dialogo tra una nuova fronte architettonica - che si ridusse, alla fine del Seicento, a una semplice architettura dipinta - e quella del palazzo arcivescovile, realizzata su disegno del Dosio. Solo nel corso dell'Ottocento però la piazza assunse l'aspetto attuale, con la costruzione delle **nuove case dei canonici** e, in concomitanza dell'elezione di Firenze a capitale del nuovo Regno d'Italia e poi dei progetti di "risanamento" del centro storico, il **palazzo vescovile** fu ridotto e arretrato, e altre aree furono ampliate tramite la demolizione di antichi edifici.

Proprietaria e custode materiale dell'intero complesso monumentale è, da oltre sette secoli, l'Opera di Santa Maria del Fiore. Fondata nel 1296 per volontà del governo fiorentino con il compito di avviare la costruzione della nuova Cattedrale, questa istituzione assunse fin da subito anche la responsabilità di conservarla, decorarla e ga-

Saint John the Evangelist on the northern side; and finally, the canons' residence on the opposite side. A key moment came at the end of the thirteenth century when, under the impetus of an unprecedented demographic, economic, and cultural peak, it was decided to construct the new, immense Cathedral. Numerous houses were demolished to make space for the new building, thereby creating a larger piazza, though it remained confined within a maze of tower houses.

An early attempt at unified monumentalisation came in the sixteenth century: after the demolition of the Cathedral's unfinished façade, plans were made to create a dialogue between a new architectural front—which by the end of the seventeenth century had been reduced to a simple painted design—and the Archbishop's Palace, built to a design by Dosio. It was only in the nineteenth century, however, that the piazza took on its present appearance, with the construction of the **new canons' houses**. In conjunction with Florence's designation as the capital of the newly unified Kingdom of Italy and later urban renewal projects, the Bishop's Palace was downsized and set back, and other areas were expanded through the demolition of ancient buildings.

The owner and both material custodian of the entire monumental complex has been the Opera di Santa Maria del Fiore for over seven centuries. Founded in 1296 by decree of the Florentine government to begin construction of the new Cathedral, the institution was immediately entrusted with its preservation, decoration, and the dignified conduct of

Veduta del complesso di Santa Maria del Fiore. L'intitolazione è riferita a Maria e al suo "fiore", cioè a Cristo, ed è insieme un'allusione al nome della città, "Fiorenza", dal latino "Florentia" (città destinata a fiorire), e al suo emblema, il "giglio".

View of the Santa Maria del Fiore monumental building. The dedication refers to Mary and her 'flower', that is, Christ, and at the same time alludes to the name of the city, 'Fiorenza', from the Latin 'Florentia' (a city destined to flourish), as well as to its emblem, the 'lily'.

Tondo in terracotta policroma invetriata, della bottega di Andrea della Robbia, raffigurante l'*Agnus Dei*, emblema dell'Opera di Santa Maria del Fiore, desunto dall'Arte della Lana, Museo dell'Opera del Duomo, Sala delle Cantorie.

Polychrome glazed terracotta tondo, from the workshop of Andrea della Robbia, depicting the *Agnus Dei*, emblem of the Opera di Santa Maria del Fiore, derived from the Arte della Lana, Opera del Duomo Museum, Cantorie Hall.

rantire il decoro e la dignità del culto religioso. Nel 1331, la Repubblica fiorentina, fondata sulle corporazioni delle Arti e dei Mestieri, stabilì che la più potente tra esse, l'Arte della Lana, assumesse il controllo esclusivo dell'Opera (da allora, il simbolo dell'Arte – l'Agnello mistico – divenne anche l'emblema dell'Opera). Già dal XII secolo, d'altronde, il Battistero

religious worship. In 1331, the Florentine Republic—structured around the guilds of arts and crafts—entrusted exclusive control of the Opera to the most powerful guild, the Wool Guild. Since then, the guild's emblem—the Mystic Lamb—has also served as the emblem of the Opera. The Baptistery, meanwhile, had already been administered since the twelfth cen-

Il Campanile di Giotto presenta un terrazzamento sommitale raggiungibile con una scalinata di 414 gradini, da cui si gode, passando per tre logge, di splendidi affacci panoramici.

Giotto's Bell Tower features a terrace at the top accessible via a staircase of 414 steps, from which, through three loggias, one can enjoy splendid panoramic views.

era amministrato, attraverso un'Opera, da un'altra potente corporazione, quella dei mercanti, detta "di Calimala".

Dopo il completamento della Cattedrale e del Campanile, a partire dal XVI secolo il compito principale dell'Opera divenne la conservazione e l'abbellimento del complesso monumentale, al quale si aggiunsero formalmente,

tury through its own Opera, overseen by the powerful guild merchants, the 'Arte di Calimala'.

After the completion of the Cathedral and Bell Tower, from the sixteenth century onward, the Opera's main task became the conservation and embellishment of the monumental complex. In 1777, the Baptistery was officially added

nel 1777, il Battistero, in seguito alla fusione dell'Opera di San Giovanni con quella di Santa Maria del Fiore e, nel 1891, anche il Museo. Oggi l'Opera di Santa Maria del Fiore, che dal 1929 ha assunto la natura giuridica di fabbriceria e dal 1998 è divenuta ONLUS, ha ampliato e aggiornato le proprie finalità, occupandosi anche dell'accoglienza dei visitatori, della valo-

to the complex following the merger of the Opera of Saint John with that of Santa Maria del Fiore, and in 1891, the Museum was established. Today, the Opera di Santa Maria del Fiore—which acquired legal status as a 'vestry' in 1929 and became a non-profit organization in 1998—has broadened and updated its mission. It now also promotes welcomes visitors,

rizzazione culturale e della promozione scientifica del suo straordinario patrimonio artistico e architettonico.

cultural enrichment and supports the scholarly advancement of its extraordinary artistic and architectural heritage.

La sommità della facciata ottocentesca della Cattedrale è ornata da una serie di busti con i ritratti di artisti, fiorentini o correlati alla storia di Firenze, che crearono capolavori in pittura, scultura, musica e poesia, tramite l'ispirazione religiosa. Sopra di loro, nel vertice massimo, c'è infatti Dio benedicente.

The top of the 19th-century façade of the Cathedral is adorned with a series of busts portraying artists, Florentines or linked to the history of Florence, who created masterpieces in painting, sculpture, music, and poetry through religious inspiration. Above them, at the highest point, is God bestowing His blessing.

VISITA IL SITO

VISIT WEBSITE

Il volto del *Cristo Giudice* che si staglia tra il *Paradiso dei beati* e l'*Inferno dei dannati*, nella decorazione a mosaico della volta del Battistero.

The face of *Christ the Judge* stands out between the *Paradise of the blessed* and the *Hell of the damned* in the mosaic decoration of the Baptistery vault.

IL BATTISTERO DI SAN GIOVANNI
THE BAPTISTERY OF ST. JOHN

Già ricordato da Dante come il *"Bel San Giovanni"* il Battistero è tra i più antichi edifici di Firenze. Consacrato nel 1059 da papa Niccolò II, fu creduto per molto tempo la riedificazione di un preesistente Tempio di Marte, oggi invece si ritiene che sia stato edificato sui resti di una *Domus Romana*. Enigmatica è la sua forma ad ottagono, otto infatti sono i lati a simboleggiare l'*octava dies* cioè l'ottavo giorno, quello della Resurrezione. Posto davanti alla **Cattedrale di Santa Maria del Fiore** è un esempio di romanico toscano, edificato con l'uso delle due pietre che contraddistinguono l'architettura romanica fiorentina: il marmo bianco e il verde di Prato. Il suo esterno è assolutamente equi-

Already mentioned by Dante as the *"Bel San Giovanni"*, the Baptistery is one of the oldest buildings in Florence. Consecrated in 1059 by Pope Nicholas II, it was long believed to be a reconstruction of a pre-existing Temple of Mars. However, it is now considered to have been built on the remains of a *Roman Domus*. Its octagonal shape is enigmatic, as the eight sides symbolize the octava dies, the eighth day, that of the Resurrection. Located in front of the **Cathedral of Santa Maria del Fiore**, the Baptistery is an example of Tuscan Romanesque architecture, constructed using the two stones that distinguish Florentine Romanesque architecture: white marble and green

Veduta del Battistero e del Campanile di Giotto, caratterizzati da un tripudio di marmi bianchi, verdi e rossi.

Dettaglio della decorazione musiva del Battistero: il grande mosaico fu avviato da maestri di "maniera greca" e poi condotta a termine dai più importanti artisti toscani del Duecento.

View of the Baptistery and the Giotto's Bell-Tower, characterised by a triumph of white, green and red marbles.

Detail of the mosaic decoration of the Baptistery: the large mosaic was begun by masters of the 'Greek manner' and then completed by the most important Tuscan artists of the 13th century.

TRONI
DOMI NATIONES

librato nelle sue facciate tripartite arricchite da disegni lineari e geometrici scanditi da ventiquattro eleganti finestre di foggia classica, centinate o timpanate in alternanza. Ben visibili sono le tre porte bronzee (oggi quelle originali sono conservate, dopo il restauro, nella Sala del Paradiso del **Museo dell'Opera del Duomo**), rispettivamente la *Porta Sud*, la più antica, di Andrea Pisano, la *Porta Nord*, la prima fatta da Lorenzo Ghiberti, e la *Porta Est*, la più famosa, detta anche *"Porta del Paradiso"*, anch'essa opera del Ghiberti. Commissionata dall'Arte di Calimala per essere posizionata proprio di fronte alla Cattedrale e successivamente spostata, nel 1452, la *Porta Sud* è un capolavoro trecentesco fuso in bronzo da Andrea Ugolino da Pontedera detto Pisano. Firmata e datata nella parte superiore delle ante la porta è la rappresentazione, divisa per riquadri quadrilobati, della agiografia di San Giovanni Battista. I quadrilobi sono ventotto di cui i venti superiori narrano la vita di San Giovanni mentre gli otto inferiori rappresentano le *Virtù Teologali*, le *Virtù Cardinali* e l'*Umiltà*. Con il passare degli anni l'Arte di Calimala, avendo necessità di fornire il Battistero di un'altra porta, quella nord, indisse un concorso ricordato come il "Concorso del 1401", anno in cui si svolse. Sei furono gli artisti che parteciparono, i finalisti furono Filippo Brunelleschi e Lorenzo Ghiberti che si dovettero cimentare nel fondere in bronzo dorato due formelle quadrilobate aventi come soggetto l'episodio del Vecchio Testamento con il *Sacrificio d'Isacco*. A vincere fu il giovane Ghiberti che iniziò a lavorare alla Porta nel 1403, per finirla nel 1424. Lorenzo rappresentò, da sinistra verso destra, venti formelle con le scene della *Vita di Cristo* e le sottostanti otto con i *Quattro Evangelisti* e i *Quattro Dottori della Chiesa* e firmò il portale scolpendo la frase *OPVS LAUREN/TII•FLOREN/TINI*, oltre a raffigurarsi nel ritratto che si trova sulla

Prato marble. Its exterior is perfectly balanced, with tripartite façades enriched by linear and geometric designs, marked by twenty-four elegant classical windows, alternately arched or topped with a tympanum. The three bronze doors are clearly visible (the original ones, after restoration, are now preserved in the Sala del Paradiso of the **Opera del Duomo Museum**). These are the *South Door*, the oldest, designed by Andrea Pisano; the *North Door*, the first created by Lorenzo Ghiberti; and the *East Door*, the most famous, also called the *'Gates of Paradise'*, which is another work by Ghiberti. Commissioned by the Arte di Calimala to be placed directly in front of the Cathedral but later relocated in 1452, the *South Door* is a 14th-century masterpiece cast in bronze by Andrea Ugolino da Pontedera, also known as Pisano. Signed and dated on the upper part of the panels, the door depicts the hagiography of Saint John the Baptist, divided into twenty-eight quatrefoil panels. The twenty upper panels narrate the life of Saint John, while the eight lower ones represent the *Theological Virtues*, the *Cardinal Virtues*, and *Humility*. As the years went by, the Arte di Calimala, needing to provide the Baptistery with another door, the North Door, held a competition known as the 'Competition of 1401', which took place that year. Six artists participated, with Filippo Brunelleschi and Lorenzo Ghiberti reaching the finals. They were tasked with casting two gilded bronze panels, each depicting a scene from the Old Testament: the *Sacrifice of Isaac*. The young Ghiberti won the competition and began work on the door in 1403, completing it in 1424. Lorenzo's door includes twenty panels, arranged from left to right, depicting scenes from the *Life of Christ*, and eight panels below, representing the *Four Evangelists* and the *Four Doctors of the Church*. He signed the portal by carving the inscription *OPVS*

quinta fila dall'alto e seconda da sinistra. La *Porta Est* conosciuta come la *Porta del Paradiso* (nome dato da Michelangelo che vedendola disse che sarebbe stata degna del Paradiso) fu realizzata anch'essa da Ghiberti e commissionata, dall'Arte di Calimala, direttamente a lui senza indire alcun concorso. L'artista riuscì a sintetizzare il racconto bronzeo in soli dieci riquadri rappresentando alcuni episodi del Vecchio Testamento, a partire dalla *Creazione di Adamo ed Eva*, incorniciati da figure di profeti e personaggi biblici. Dieci quadrati nei quali Ghiberti riuscì a svolgere una narrazione di quarantasette episodi. Questo risultato fu raggiunto anche grazie all'aiuto delle maestranze, tra cui si distinse in modo particolare il figlio Vittorio, al punto che Ghiberti lo ritrasse accanto a sé al centro della Porta. Qui firmò nuovamente il suo capolavoro con l'iscrizione: [Opus] *Laurentii Cionis de Ghibertis mirabile arte fabricatum*. Di fianco alla porta ci sono due grandi colonne di porfido donate da Pisa, nel 1117, ai fiorentini per il loro aiuto nella battaglia delle Baleari. A sovrastare il portale invece le copie delle statue rappresentanti il *Battesimo di Cristo* opera di Andrea Sansovino (*Cristo*), Vincenzo Danti (*San Giovanni*), e l'*Angelo*, aggiunto nel Settecento, da Innocenzo Spinazzi. Il gruppo originale, come gli altri mancanti sopra le altre due porte, con storie di San Giovanni Battista, sono conservate all'interno del Museo dell'Opera del Duomo nella Sala del Paradiso. Entrando nel Battistero, è d'obbligo soffermarsi sul pavimento, composto con marmi di varia provenienza: dal bianco apuano al serpentino verde di Prato, senza tralasciare inserti di porfido rosso. All'interno si ammirano diversi motivi di gusto orientale, alcuni geometrici altri zoomorfi. La parte più interessante è quella rivolta alla *Porta del Paradiso*, che fa da corridoio verso il centro, dove anticamente c'era il *Fonte Battesimale*, composta di

LAUREN/TII•FLOREN/TINI, and also portrayed himself in a portrait located on the fifth row from the top, second from the left. The *East Door*, known as the *Gates of Paradise* (a name given by Michelangelo, who remarked that it would be worthy of Paradise), was also created by Ghiberti and commissioned directly by the Arte di Calimala without a competition. The artist skillfully condensed the bronze narrative into only ten panels, depicting various episodes from the Old Testament, starting with the *Creation of Adam and Eve*, framed by figures of prophets and biblical characters. In these ten panels, Ghiberti masterfully narrates forty-seven episodes. This result was achieved also thanks to the help of the craftsmen, among whom his son Vittorio stood out in particular, to the point that Ghiberti portrayed him at his side in the center of the Door. Here he once again signed his masterpiece with the inscription: [Opus] *Laurentii Cionis de Ghibertis mirabile arte fabricatum*. Next to the door, there are two large columns of porphyry, gifted by Pisa in 1117 to the Florentines in gratitude for their help in the Battle of the Balearic Islands. Above the portal are copies of the statues representing the *Baptism of Christ*, created by Andrea Sansovino (*Christ*), Vincenzo Danti (*Saint John*), and the *Angel*, added in the 18th century by Innocenzo Spinazzi. The original group, along with other missing works from the other two doors, depicting stories of Saint John the Baptist, are preserved inside the Opera del Duomo Museum in the Sala del Paradiso. Upon entering the Baptistery, one must stop to admire the floor, composed of marbles of different origins: from Apuan white to the green serpentine of Prato, including inserts of red porphyry. Inside, you can admire several motifs of Oriental taste, some geometric and others zoomorphic. The most interesting section is the one facing the *Gates of Paradise*,

La Porta Nord del Battistero fu realizzata tra il 1403 e il 1424 da Lorenzo Ghiberti, che ottenne l'incarico vincendo il celebre concorso del 1401 con la formella del *Sacrificio di Isacco*, superando tra gli altri Filippo Brunelleschi. Questo evento è considerato l'inizio del Rinascimento.

The North Door of the Baptistery was created between 1403 and 1424 by Lorenzo Ghiberti, who was awarded the commission after winning the famous 1401 competition with his panel of the *Sacrifice of Isaac*, surpassing, among others, Filippo Brunelleschi. This event is considered the beginning of the Renaissance.

La Porta Est del Battistero, situata davanti alla Cattedrale di Santa Maria del Fiore, realizzata da Lorenzo Ghiberti tra il 1425 e il 1452, fu soprannominata "Porta del Paradiso" da Michelangelo Buonarroti.

The East Door of the Baptistery, located in front of the Cathedral of Santa Maria del Fiore, was created by Lorenzo Ghiberti between 1425 and 1452 and was renamed the 'Gates of Paradise' by Michelangelo Buonarroti.

due tappeti quadrati, uno con lo *Zodiaco* e l'altro con animali mitologici di ispirazione persiana. Molte furono le opere concepite per adornare il Battistero, ricordiamo l'*Altare d'argento*, a cui lavorarono molti artisti del Tre e del Quattrocento, e la sua *Croce*, realizzata da Antonio del Pollaiolo, la *Maddalena Penitente* di Donatello e il *San Giovanni in Gloria* di Girolamo Ticciati (conservate nelle sale del Museo dell'Opera del Duomo). Ancora *in loco* il trecentesco fonte battesimale istoriato con storie del Battista ancora cinto dal coevo

forming a corridor toward the center, where the *Baptismal Font* once stood, consisting of two square carpets: one with the *Zodiac* and the other with mythological animals of Persian inspiration. Many works were created to adorn the Baptistery, such as the *Silver Altar*, on which many artists of the 14th and 15th centuries worked, and its *Cross* by Antonio del Pollaiolo, Donatello's *Penitent Magdalene*, and Girolamo Ticciati's *Saint John in Glory*. (now preserved in the rooms of the Opera del Duomo Museum). Still in place are the

Decorazione del pavimento del Battistero di San Giovanni in marmi intarsiati con al centro il sole, intorno al quale corre una frase palindroma, che celebra l'astro maggiore quale centro e motore dell'universo.

Floor decoration of the Baptistery of St. John in inlaid marble with the sun at the centre, surrounded by a palindromic phrase celebrating the sun as the centre and driving force of the universe.

cancello di bronzo e il *Monumento funebre dell'antipapa Giovanni XXIII* (Baldassarre Cossa o Coscia), opera di Donatello e Michelozzo. Interessanti anche i sarcofagi romani di riuso nel Medioevo, quello detto della *Fioraia* e quello con la *Caccia al cinghiale Calidonio*. Sopra l'altare, in quella che viene chiamata *Scarsella*, spiccano mosaici del XIII secolo firmati da fra' Jacopo, che raffigurano una grande ruota mistica di angeli e candelabra, contenente tra i suoi raggi quattro profeti e quattro patriarchi e, al centro, l'*Agnus Dei*. Secondo

14th-century *Baptismal Font* with *Stories of Saint John*, the contemporary bronze gate, and the *Funerary Monument of Antipope John XXIII* (Baldassarre Cossa or Coscia), a work by Donatello and Michelozzo. Also, of interest are the Roman sarcophagi, including the one called the *Florist* and the one depicting the *Hunt of the Calydonian Boar*. Above the altar, in what is called the *Scarsella*, stand 13th-century mosaics by the friar Jacopo, depicting a great wheel, symbolizing the *Celestial Sphere*, with the *Agnus Dei*, *Prophets*, and *Patriarchs* inside.

Decorazione del pavimento del Battistero di San Giovanni in marmi intarsiati, con animali fantastici di derivazione orientale: uccelli, l'albero della vita, grifi rampanti e fiere.

Floor decoration of the Baptistery of St. John in inlaid marble, featuring fantastical animals of Eastern origin: birds, the tree of life, rampant griffins and wild beasts.

alcuni studiosi allo stesso fra' Jacopo si deve anche l'inizio della copertura musiva della Cupola. I mosaici si snodano per tutta l'ampiezza della volta, suddivisa in gironi e spicchi, per circa 1.000 metri quadrati. Puntando lo sguardo in alto, intorno alla sovrastante lanterna, ci sono motivi animali e vegetali di chiaro ricordo paleocristiano. A seguire il girone con le gerarchie angeliche che, divise in nove spicchi, declinano i nove cori angelici. Subito sotto il *Cristo Giudice*, di ben otto metri, troneggia imponente al centro del *Giudizio Universale*, affiancato dalla *Madonna*, *Giovanni Battista* e i dodici *Apostoli*. Alla sinistra del *Cristo* c'è *Lucifero* che, angelo caduto negli inferi, divora i peccatori dell'Inferno. Una macchi-

According to some scholars, the start of the mosaic decoration of the Dome is also attributed to Friar Jacopo himself. The mosaics stretch across the entire surface of the vault, divided into rings and sectors, covering approximately a 1,000 square meters. Looking upwards, around the lantern, one can see animal and plant motifs reminiscent of early Christian art. Following this are the rings depicting the angelic hierarchies, divided into nine segments representing the nine choirs of angels. Just below, the imposing 8-meter-tall *Christ the Judge* dominates the center of the *Last Judgment*, flanked by the *Madonna*, *John the Baptist*, and the *Twelve Apostles*. To the left of *Christ* is *Lucifer*, the fallen angel in Hell,

Gruppo statuario in bronzo raffigurante la *Decollazione di Giovanni Battista*, realizzato da Vincenzo Danti nel 1571 per la parete esterna sopra l'accesso meridionale del Battistero.

Bronze statue group depicting the *Beheading of John the Baptist*, created by Vincenzo Danti in 1571 for the external wall above the southern entrance to the Baptistery.

na musiva che vide coinvolti diversi artisti famosi e maestranze. Tra i più noti ci furono Cimabue e Coppo di Marcovaldo. E poi, continuando a guardare la volta a partire dall'alto: le *Gerarchie Angeliche*, le *Storie della Genesi*, le *Storie di Giuseppe*, le *Storie di Maria*, le *Storie di Cristo* e le *Storie di San Giovanni Battista* e al di sotto i mosaici dei matronei e della sovrastante galleria alla base della cupola con *Angeli*, *Santi*, *Profeti* e *Patriarchi*.

devouring the souls of the damned. This mosaic work involved several famous artists and craftsmen, including Cimabue and Coppo di Marcovaldo. Continuing to look upwards: the *Angelic Hierarchies*, the *Stories of Genesis*, the *Stories of Joseph*, the *Stories of Mary*, the *Stories of Christ*, and the *Stories of Saint John the Baptist*, along with mosaics in the galleries and above the arch of the Dome, depicting *Angels*, *Saints*, *Prophets*, and *Patriarchs*.

Fonte battesimale del Battistero di San Giovanni in marmo, con scene di battesimo: *Giovanni Battista che battezza il popolo*, il *Battesimo di Cristo*, il *Battesimo di Giovanni da parte di Cristo*, *Cristo che battezza gli Apostoli*, *San Silvestro papa battezza l'imperatore Costantino* e scena di *Battesimo di un fanciullo*.

Marble baptismal font from the Baptistery of St. John depicting scenes from baptism: *John the Baptist baptising the people*, the *Baptism of Christ*, the *Baptism of John by Christ*, *Christ baptising the Apostles*, *Saint Sylvester the Pope baptises Emperor Constantine* and scene of the *Baptism of a child*.

Girolamo Ticciati, *Gloria di San Giovanni Battista*, 1732, marmo, Museo dell'Opera del Duomo, Cortile del Ticciati. Originariamente collocato a decorare la scarsella, dietro l'altare maggiore del Battistero di San Giovanni.

Girolamo Ticciati, *Glory of St. John the Baptist*, 1732, marble, Opera del Duomo Museum, Ticciati Courtyard. Originally placed to decorate the scarsella, behind the high altar of the Baptistery of St. John.

Donatello, *Maddalena penitente*, metà del XV sec. ca., legno di pioppo bianco, stucco e stoppa, dipinti e parzialmente dorati, Museo dell'Opera del Duomo, Sala della Maddalena. La scultura era collocata presso un altare del Battistero di San Giovanni e suscita da sempre scalpore e ammirazione per l'audace realismo.

Donatello, *Penitent Magdalene*, c. mid-15th century, white poplar wood, stucco and tow, painted and partially gilded, Opera del Duomo Museum, Sala della Maddalena. The sculpture was placed on an altar in the Baptistery of St. John and has always aroused astonishment and admiration for its bold realism.

Donatello e Michelozzo, *Monumento funebre del cardinale Baldassarre Coscia, già papa Giovanni XXIII*, 1422-1428, bronzo dorato e marmo, Battistero di San Giovanni, interno, parete nord-ovest.

Donatello and Michelozzo, *Funeral monument to Cardinal Baldassarre Coscia, formerly Pope John XXIII*, 1422-1428, gilded bronze and marble, Baptistery of St. John, interior, north west wall.

Sepolcro di Guccio de' Medici comprendente un sarcofago romano di reimpiego, istoriato con la *Caccia al cinghiale Calidonio*, Battistero di San Giovanni, interno, lato sud-ovest.

Tomb of Guccio de' Medici, including a reused Roman sarcophagus illustrated with *Calydonian Boar Hunt*, Baptistery of St. John, interior, southwest side.

Dettaglio della decorazione musiva della volta della scarsella del Battistero di San Giovanni.

Detail of the mosaic decoration on the vault of the apse of the Baptistery of St. John.

La volta del Battistero di San Giovanni è rivestita da mosaici in tessere vitree policrome e dorate che rappresentano le *Gerarchie Angeliche*, il *Giudizio Universale*, le *Storie della Genesi*, le *Storie di Giuseppe*, le *Storie di Maria e di Cristo* e le *Storie di San Giovanni Battista*.

The vault of the Baptistery of St. John is covered with mosaics in polychrome and gilded glass tiles depicting the *Angelic Hierarchies*, the *Last Judgement*, *Stories from Genesis*, *Stories of Joseph*, *Stories of Mary and Christ*, and *Stories of Saint John the Baptist*.

Dettaglio della decorazione musiva della volta del Battistero di San Giovanni con storie del Battista: *Nascita e Imposizione del nome.*

Detail of the mosaic decoration on the vault of the Baptistery of St. John depicting stories of John the Baptist: the *Nativity and the Naming.*

Dettaglio della decorazione musiva della volta del Battistero di San Giovanni con storie del Battista: *Battesimo di Cristo*.

Detail of the mosaic decoration on the vault of the Baptistery of St. John depicting stories of John the Baptist: the *Baptism of Christ*.

VISITA IL SITO

VISIT WEBSITE

Tre degli 88 bassorilievi marmorei scolpiti da Baccio Bandinelli in collaborazione con Giovanni Bandini e Vincenzo de' Rossi tra il 1547 e il 1572 per decorare l'esterno del recinto del cinquecentesco coro della Cattedrale.

Three of the 88 marble bas-reliefs sculpted by Baccio Bandinelli in collaboration with Giovanni Bandini and Vincenzo de' Rossi between 1547 and 1572 to decorate the exterior of the 16th-century choir enclosure of the Cathedral.

SANTA MARIA DEL FIORE, LA CATTEDRALE DI FIRENZE
SANTA MARIA DEL FIORE, THE CATHEDRAL OF FLORENCE

Santa Maria del Fiore, la Cattedrale di Firenze, è una delle chiese più grandi e straordinarie del mondo. La sua imponente struttura si sviluppa su una pianta a tre navate, che culmina nell'area presbiteriale dominata dalla maestosa cupola ottagonale, affiancata da tre absidi con cappelle disposte a raggiera. L'edificio misura 153 metri in lunghezza, 90 in larghezza alla crociera e 92 in altezza fino alla lanterna. La dedica alla Vergine "del Fiore" richiama sia il nome latino della città, *Florentia*, sia il suo simbolo: il giglio. La costruzione della Cattedrale iniziò nel 1296 per volontà della stessa Repubblica Fiorentina, desiderosa di esprimere attraverso l'architettura la propria crescita economica e demografica. Poiché l'antica cattedrale di Santa Reparata era ormai ritenuta troppo piccola e modesta per una città in piena espansione, fu affidato ad Arnolfo di Cambio il progetto di una nuova chiesa, concepita in stile gotico. Nel corso del Trecento, Francesco Talenti ampliò significativamente l'edificio, trasformando l'idea originaria di Arnolfo nella monumentale struttura che oggi possiamo ammirare, ancora priva, all'epoca, della sua celebre cupola. La consacrazione della Cattedrale avvenne il 25 marzo 1436, alla presenza di papa Eugenio IV, per celebrare il completamento della Cupola di Filippo Brunelleschi, capolavoro assoluto del Rinascimento e dell'ingegneria. All'esterno, la chiesa è rivestita da marmi bianchi, verdi e rossi, disposti in motivi geometrici e floreali. Le fiancate sono impreziosite da eleganti bifore, rosoni e quattro portali monumentali, magnificamente decorati con importanti apparati scultorei e bassorilievi, che segnano il passaggio dal gotico al Rinascimento: a nord si trovano la *Porta della Mandorla*, con il celebre rilievo dell'*Assunzione della Vergine* di Nanni di

Santa Maria del Fiore, the Cathedral of Florence, is one of the largest and most extraordinary churches in the world. Its imposing structure is built on a three-nave floor plan, culminating in the presbytery area dominated by the majestic octagonal dome, flanked by three apses with radial chapels. The building measures 153 meters in length, 90 meters wide at the transept, and 92 meters in height up to the lantern. The dedication to the Virgin 'of the Flower' refers both to the Latin name of the city, *Florentia*, and to its symbol: the lily. Construction of the Cathedral began in 1296 at the behest of the Florentine Republic itself, which wanted to express its economic and demographic growth through architecture. Since the old cathedral of Santa Reparata was considered too small and modest for a rapidly expanding city, the project for a new church in Gothic style was entrusted to Arnolfo di Cambio. During the 14th century, Francesco Talenti significantly enlarged the building, transforming Arnolfo's original idea into the monumental structure we admire today, though it was still lacking its famous dome at that time. The Cathedral was consecrated on March 25, 1436, in the presence of Pope Eugene IV, to celebrate the completion of the Dome by Filippo Brunelleschi, an absolute masterpiece of the Renaissance and of engineering. On the exterior, the church is clad in white, green, and red marble arranged in geometric and floral patterns. The sides are embellished with elegant mullioned windows, rose windows, and four monumental portals, magnificently decorated with important sculptural programs and bas-reliefs that mark the transition from Gothic to Renaissance art. On the north side are the *Porta della Mandorla*,

L'incompiuta fronte medievale di Santa Maria del Fiore, realizzata da Arnolfo di Cambio, fu demolita nel 1587 e ricostruita solo nell'Ottocento su progetto di Emilio De Fabris.

The unfinished medieval façade of Santa Maria del Fiore, built by Arnolfo di Cambio, was demolished in 1587 and rebuilt only in the 19th century to a design by Emilio De Fabris.

Banco, e la *Porta dei Cornacchini*, caratterizzata da colonne tortili e dalla *Madonna col Bambino* attribuita a Zanobi di Bartolo; a sud si aprono la *Porta dei Canonici*, finemente ornata e oggi utilizzata come ingresso per i fedeli, e la cosiddetta *Porta del Campanile*. La facciata attuale fu costruita tra il 1883 e il 1887, in stile neogotico, su progetto dell'architetto Emilio De Fabris. Voluta per sostituire la precedente facciata medievale, mai completata e demolita nel

with the famous relief of the *Assumption of the Virgin* by Nanni di Banco, and the *Porta dei Cornacchini*, featuring twisted columns and a *Madonna and Child* attributed to Zanobi di Bartolo. On the south side are the *Porta dei Canonici*, finely decorated and currently used as the entrance for worshippers, and the so-called *Porta del Campanile*. The current façade was built between 1883 and 1887 in neo-Gothic style, based on a design by architect

La Porta detta "della Mandorla" è la porta laterale sinistra della fiancata nord della Cattedrale di Santa Maria del Fiore: fu realizzata in più fasi dal 1391 al 1423, da Giovanni d'Ambrogio e Lorenzo di Giovanni, Piero Tedesco, Niccolò Lamberti, Antonio e Nanni di Banco e Donatello. Il Mosaico è opera di David e Domenico Ghirlandaio.

La Porta detta "dei Canonici" è posta sul fianco meridionale della Cattedrale, a destra, vicino allo snodo della tribuna; è decorata nel timpano da un gruppo statuario raffigurante la *Madonna col bambino tra angeli* di Niccolò di Pietro Lamberti, del 1396, e nel timpano superiore e nei pinnacoli da statue e rilievi di altri importanti scultori del Trecento.

The so-called 'Porta della Mandorla' is the left side door on the north flank of the Cathedral of Santa Maria del Fiore: it was built in several phases between 1391 and 1423 by Giovanni d'Ambrogio and Lorenzo di Giovanni, Piero Tedesco, Niccolò Lamberti, Antonio and Nanni di Banco, and Donatello. The mosaic is the work of David and Domenico Ghirlandaio.

The so-called 'Porta dei Canonici' is located on the southern side of the Cathedral, to the right, near the junction of the tribune. Its tympanum is decorated with a sculptural group depicting the *Madonna and Child with angels* by Niccolò di Pietro Lamberti (1396), while the upper tympanum and pinnacles are adorned with statues and reliefs by other important 14th-century sculptors.

1587, fu finanziata da numerosi donatori. La decorazione, realizzata da importanti artisti, include sculture, mosaici e tre porte bronzee. Il programma iconografico, curato da De Fabris con il filosofo Augusto Conti, celebra la Vergine Maria e Cristo, esaltando la fede cristiana come fonte del genio fiorentino e italiano. Accanto a santi e figure religiose, compaiono i grandi della storia nazionale, con un posto d'onore per gli artisti, ritratti nella parte superiore. La facciata, dunque, non è solo un elemento decorativo, ma un vero e proprio manifesto

Emilio De Fabris. It was commissioned to replace the previous medieval façade, which was never completed and demolished in 1587, and was funded by numerous donors. The decoration, carried out by leading artists, includes sculptures, mosaics, and three bronze doors. The iconographic program, developed by De Fabris with philosopher Augusto Conti, celebrates the Virgin Mary and Christ, highlighting Christian faith as the source of Florentine and Italian genius. Alongside saints and religious figures, great figures

La Porta detta "del Campanile" perché adiacente alla torre campanaria, sul fianco sud della Cattedrale, è un magnifico esempio di gotico fiorentino; del ricco apparato scultoreo è rimasto *in loco* il *Cristo benedicente* del timpano, di Francesco del Sellaio (1377-1380), mentre le altre opere sono ora ricoverate nel Museo.

La Porta detta "dei Cornacchini" o "di Balla", posta sul fianco settentrionale della Cattedrale, verso la facciata, presenta una ricca decorazione scultorea di maestri del Trecento, tra cui un rilievo con la *Madonna con Bambino tra Angeli adoranti*.

The Door known as 'del Campanile' because it is adjacent to the Bell Tower, on the south side of the Cathedral, is a magnificent example of Florentine Gothic architecture. Of the rich sculptural decoration, the *Blessing Christ* in the tympanum by Francesco del Sellaio (1377-1380) remains *in situ*, while the other works are now housed in the Musem.

The Door known as 'dei Cornacchini' or 'di Balla', located on the northern side of the Cathedral, towards the façade, features rich sculptural decorations by 14th-century masters, including a relief depicting the *Madonna and Child among Adoring Angels*.

L'*Annunciazione* in mosaico di Domenico e David Ghirlandaio, eseguita tra il 1489 e il 1490 nel timpano della Porta della Mandorla.

The mosaic *Annunciation* by Domenico and David Ghirlandaio, created between 1489 and 1490 in the tympanum of the 'Porta della Mandorla.'

visivo di fede, memoria e identità culturale, in sintonia con gli ideali del nuovo Regno d'Italia. All'interno, le tre navate sono scandite dagli imponenti pilastri e dagli archi a sesto acuto realizzati da Francesco Talenti nel Trecento, che conferiscono all'ambiente un'imponente verticalità e una sobria maestosità, in contrasto con la fastosità decorativa dell'esterno: l'austerità dell'interno riflette infatti lo spirito della Repubblica fiorentina, dove sobrietà

from national history appear, with a place of honor given to artists, portrayed in the upper section. The façade is thus not just a decorative element, but a true visual manifesto of faith, memory, and cultural identity, in harmony with the ideals of the newly formed Kingdom of Italy. Inside, the three naves are marked by massive pillars and pointed arches built by Francesco Talenti in the 14th century, which give the space an impressive verticality and

Il quadrante dell'orologio nella controfacciata della Cattedrale, affrescato da Paolo Uccello, è suddiviso nelle 24 ore del tempo liturgico e presenta negli angoli le teste di quattro santi (gli Evangelisti?).

The clock face on the counter-façade of the Cathedral, frescoed by Paolo Uccello, is divided into the 24 hours of liturgical time and features the heads of four saints (the Evangelists?) in the corners.

Andrea Ferrucci da Fiesole, dettaglio del *Monumento funebre a Marsilio Ficino*, 1522, marmo bianco e marmo rosso, Cattedrale di Santa Maria del Fiore, navata destra, quarta campata.

Andrea Ferrucci da Fiesole, detail of the *Funerary Monument to Marsilio Ficino*, 1522, white and red marble, Cathedral of Santa Maria del Fiore, right nave, fourth bay.

e rigore formale esprimevano i valori civici e religiosi della città. L'area più riccamente ornata è il coro, risalente al periodo del ducato e poi del granducato mediceo, così come il pavimento, realizzato tra il XVI e il XVII secolo dalle botteghe granducali. Un'opera straordinaria per varietà di materiali, ricchezza decorativa e dimensioni,

a sober majesty that contrasts with the decorative opulence of the exterior. The austerity of the interior reflects the spirit of the Florentine Republic, where sobriety and formal rigor expressed the city's civic and religious values. The most richly decorated area is the choir, dating back to the ducal and later grand ducal Medici

▼ Andrea di Lazzaro Cavalcanti detto il Buggiano, dettaglio del *Monumento funebre a Filippo Brunelleschi*, 1446-1448, marmo, Cattedrale di Santa Maria del Fiore, navata destra, prima campata.

◄ Aristodemo Costoli, dettaglio del *Monumento funebre ad Arnolfo di Cambio*, 1842-1844, marmo, Cattedrale di Santa Maria del Fiore, navata sinistra, prima campata.

► Benedetto da Maiano (e bottega?), dettaglio del *Monumento funebre ad Antonio Squarcialupi*, 1490 ca., marmo, Cattedrale di Santa Maria del Fiore, navata sinistra, seconda campata.

◄ Benedetto da Maiano, dettaglio del *Monumento funebre a Giotto*, 1490, marmi policromi, Cattedrale di Santa Maria del Fiore, navata destra, prima campata.

▼ Andrea di Lazzaro Cavalcanti, known as Il Buggiano, detail of the *Funerary Monument to Filippo Brunelleschi*, 1446-1448, marble, Cathedral of Santa Maria del Fiore, right nave, first bay.

◄ Aristodemo Costoli, detail of the *Funerary Monument to Arnolfo di Cambio*, 1842-1844, marble, Cathedral of Santa Maria del Fiore, left nave, first bay.

► Benedetto da Maiano (and workshop?), detail of the *Funerary Monument to Antonio Squarcialupi*, c. 1490, marble, Cathedral of Santa Maria del Fiore, left nave, second bay.

◄ Benedetto da Maiano, detail of the *Funerary Monument to Giotto*, 1490, polychrome marbles, Cathedral of Santa Maria del Fiore, right nave, first bay.

Andrea del Castagno, *Monumento funebre a Niccolò da Tolentino*, affresco trasferito su tela, 1456, Cattedrale di Santa Maria del Fiore, navata sinistra, seconda campata.

Paolo Uccello, *Monumento funebre a Giovanni Acuto (John Hawkwood)*, affresco trasferito su tela, 1436, Cattedrale di Santa Maria del Fiore, navata sinistra, terza campata.

Andrea del Castagno, *Funerary Monument to Niccolò da Tolentino*, fresco transferred onto canvas, 1456, Chatedral of Santa Maria del Fiore, left nave, second bay.

Paolo Uccello, *Funerary Monument to Giovanni Acuto (John Hawkwood)*, fresco transferred onto canvas, 1436, Chatedral of Santa Maria del Fiore, left nave, third bay.

che conserva intatta la sua magnificenza a distanza di secoli. La luce penetra attraverso quarantacinque vetrate istoriate, disegnate da alcuni tra i più grandi artisti del Trecento e del primo Rinascimento. Le pareti interne ospitano opere di epoche e scuole diverse, con capolavori del Quattrocento come l'orologio monumentale affrescato da Paolo Uccello, i maestosi ritratti equestri di Giovanni Acuto e Niccolò da Tolentino, e la tela dedicata a Dante

period, as is the floor, created between the 16th and 17th centuries by grand ducal workshops. It is an extraordinary work in terms of materials, decorative richness, and size, retaining its magnificence centuries later. Light filters through forty-five stained glass windows, designed by some of the greatest artists of the 14th and early 15th centuries. The interior walls feature works from various periods and schools, including 15th-century masterpieces such

Bernardo Ciuffagni, *Profeta Isaia*, 1424-1427, marmo, Cattedrale di Santa Maria del Fiore, navata destra, terza campata.

Nanni di Bartolo (attr.), *Profeta detto Poggio Bracciolini*, 1419-1420 ca., marmo, Cattedrale di Santa Maria del Fiore, navata sinistra, prima campata.

Bernardo Ciuffagni, *Prophet Isaiah*, 1424-1427, marble, Cathedral of Santa Maria del Fiore, right aisle, third bay.

Nanni di Bartolo (attr.), *Prophet known as Poggio Bracciolini*, c. 1419-1420, marble, Cathedral of Santa Maria del Fiore, left aisle, first bay.

Alighieri di Domenico di Michelino, che celebra il poeta e la sua eredità culturale.

Non sorprende la presenza, lungo le navate, di figure laiche: coerente con i valori civici della Repubblica, lo spazio sacro assume anche la funzione di pantheon civile, dedicato ai cittadini illustri, esempio di virtù e ingegno per le generazioni presenti e future. Tra i busti ritratti entro clipei si riconoscono figure come Brunelleschi – la cui tomba si trova proprio sotto –, Giotto, Arnolfo di Cambio e Antonio Squarcialupi. Dodici edicole progettate da Bartolomeo Ammannati ospitano sculture di apostoli e profeti, alcune di dimensioni superiori al naturale, realizzate da maestri del Quattrocento e Cinquecento. Le prime due edicole, in legno dipinto a imitazione del marmo

as the monumental clock frescoed by Paolo Uccello, the equestrian portraits of Giovanni Acuto and Niccolò da Tolentino, and the painting dedicated to Dante Alighieri by Domenico di Michelino, celebrating the poet and his cultural legacy.

It is no surprise to find secular figures along the aisles: consistent with the civic values of the Republic, the sacred space also serves as a civic pantheon, dedicated to illustrious citizens, examples of virtue and genius for current and future generations. Among the busts in roundels, one can recognize figures such as Brunelleschi—whose tomb lies directly beneath—Giotto, Arnolfo di Cambio, Antonio Squarcialupi. Twelve niches, designed by Bartolomeo Ammannati, house sculptures of apostles and proph-

Giovanni del Biondo (attr.), *Pala di San Zanobi*, 1380 ca., tempera su tavola, Cattedrale di Santa Maria del Fiore, primo pilastro a sinistra dall'ingresso.

Francesco Morandini, detto "il Poppi", *Pala di Sant'Antonino*, 1589 ca., olio su tela, Cattedrale di Santa Maria del Fiore, primo pilastro a destra dall'ingresso (la cornice, la predella e il clipeo sono opera di Antonio Marini del 1842).

Giovanni del Biondo (attr.), *Altarpiece of Saint Zanobi*, c. 1380, tempera on wood, Cathedral of Santa Maria del Fiore, first pillar on the left from the entrance.

Francesco Morandini, known as 'il Poppi', *Altarpiece of Saint Anthony*, c. 1589, oil on canvas, Cathedral of Santa Maria del Fiore, first pillar on the right from the entrance (the frame, predella and clipeus are the work of Antonio Marini, 1842).

mischio, custodiscono due capolavori originariamente concepiti per l'esterno della Cattedrale: l'*Isaia*, di Nanni di Banco, e il *Giosuè*, attribuito a Nanni di Bartolo, detto il Rosso. Addossati ai pilastri della prima campata, si trovano *en pendant* due pale d'altare: quella trecentesca di *San Zanobi* dipinta da Giovanni del Biondo e quella del Poppi raffigurante *Sant'Antonino* (1589 ca.). Nel cuore della Cattedrale si erge il recinto marmoreo del coro cinquecentesco di Baccio Bandinelli, ornato da raffinati bassorilievi raffiguranti personaggi d'identità incerta,

ets, some larger than life-size, created by masters of the 15th and 16th centuries. The first two niches, made of painted wood imitating mischio marble, preserve two masterpieces originally intended for the Cathedral's exterior: the *Isaiah* by Nanni di Banco, and the *Joshua*, attributed to Nanni di Bartolo, known as il Rosso. Flanking the pillars of the first bay are two altarpieces: the 14th-century *Saint Zenobius* by Giovanni del Biondo and the *Saint Antoninus* by Il Poppi (c. 1589). At the heart of the Cathedral stands the marble choir enclosure of the 16th century,

Il recinto ottagonale del coro della Cattedrale è stato rinnovato più volte: il primo fu realizzato da Brunelleschi, ed era in legno, seguì poi quello marmoreo di Bandinelli, che nell'Ottocento è stato fortemente alterato.

The octagonal enclosure of the cathedral choir has been renovated several times: the first was built by Brunelleschi and was made of wood, followed by that marble one by Bandinelli, which was significantly altered in the 19th century.

probabilmente personaggi dell'Antico Testamento, ma forse anche del mondo classico. Si tratta dell'unica parte superstite dopo le trasformazioni ottocentesche in stile purista del monumentale coro concepito in dialogo con il grandioso *Giudizio Universale* dipinto da Giorgio Vasari e Federico Zuccari nella cupola soprastante, che avvolge lo spazio con la sua imponente narrazione visiva. Le cappelle radiali sono ornate da una ricca decorazione pittorica che copre un arco cronologico dal Trecento all'Ottocento.

created by Baccio Bandinelli and adorned with refined bas-reliefs depicting figures of uncertain identity, probably characters from the Old Testament, but perhaps also from the classical world. It is the only surviving part after the 19th-century purist transformations, designed in dialogue with the grandiose *Last Judgment* fresco by Giorgio Vasari and Federico Zuccari on the dome above, which envelops the space in a monumental visual narrative. The radiating chapels are adorned with rich pictorial decorations spanning from

Il ciclo pittorico che decora la Cupola di Santa Maria del Fiore, eseguito da Giorgio Vasari e Federico Zuccari, si estende per oltre 3.600 metri quadri con oltre 700 figure dipinte.

Giotto e bottega (attr.), *Polittico di Santa Reparata*, 1305-1310 ca., tempera e oro su tavola, Cattedrale di Santa Maria del Fiore, Tribuna della Croce, cappella di San Bartolomeo.

The cycle of paintings decorating the Dome of Santa Maria del Fiore, executed by Giorgio Vasari and Federico Zuccari, covers over 3,600 square meters and features more than 700 painted figures.

Giotto and workshop (attr.), *Santa Reparata Polyptych*, c. 1305-1310, tempera and gold on panel, Cathedral of Santa Maria del Fiore, Tribune of the Cross, Chapel of Saint Bartholomew.

Tra le opere più significative si ricordano il *Polittico di Santa Reparata*, attribuito a Giotto e collaboratori, dipinti quattrocenteschi e cinquecenteschi di artisti come Lorenzo di Credi, e anche tele seicentesche e settecentesche, testimonianza della continuità artistica della Cattedrale nel tempo. Dietro l'altare maggiore, dominato dal *Crocifisso* di Benedetto da Maiano – intenso testimone dell'austera spiritualità dell'epoca savonaroliana –, si trovano le duc sagrestie, autentici scrigni d'arte. Entrambe sono impreziosite all'ingresso da bassorilievi in terracotta invetriata di Luca della Robbia. La sagrestia settentrionale, detta "delle Messe", è particolarmente rilevante per la presenza di un rivestimento che è il primo esempio di tarsia lignea prospettica, un capolavoro di tecnica, prospettiva e invenzione decorativa.

the 14th to the 19th centuries. Among the most significant works are the *Polyptych of Santa Reparata*, attributed to Giotto and collaborators, 15th- and 16th-century paintings by artists like Lorenzo di Credi, and numerous 17th- and 18th-century canvases, a testament to the Cathedral's continuous artistic vitality over time. Behind the high altar, dominated by the *Crucifix* by Benedetto da Maiano—a powerful witness to the austere spirituality of the Savonarolan era—are the two sacristies, true artistic treasures. Both are adorned at the entrance with glazed terracotta bas-reliefs by Luca della Robbia. The northern sacristy, known as the 'Sacristy of the Masses,' is particularly significant for its wood inlay decoration, the first example of perspectival intarsia, a masterpiece of technique, perspective, and decorative invention.

VISITA IL SITO

VISIT WEBSITE

Dettaglio del pavimento a mosaico della basilica paleocristiana di Santa Reparata, raffigurante il pavone, simbolo cristiano di Resurrezione.

Detail of the mosaic floor of the early Christian Basilica of Santa Reparata, depicting the peacock, a Christian symbol of Resurrection.

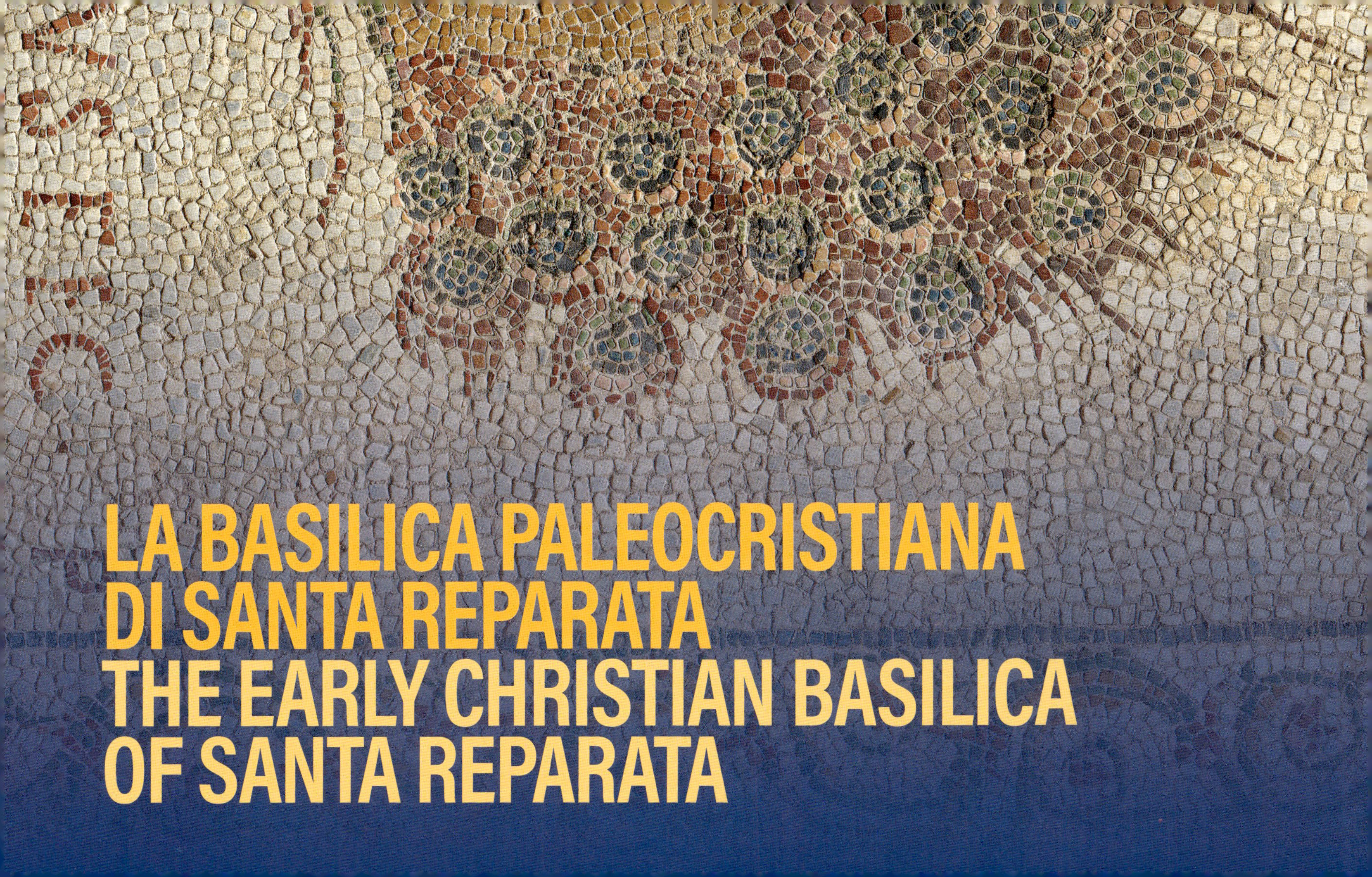

LA BASILICA PALEOCRISTIANA DI SANTA REPARATA

THE EARLY CHRISTIAN BASILICA OF SANTA REPARATA

Sotto l'attuale Cattedrale di Santa Maria del Fiore si celano i resti dell'antica basilica paleocristiana di Santa Reparata, la cui area archeologica fu riportata alla luce durante gli scavi eseguiti tra il 1965 e il 1973. Oggi è visitabile grazie a un suggestivo percorso sotterraneo accessibile da una scala situata nella navata destra della Cattedrale. L'esperienza che si fa è quella di un viaggio nel tempo, dalla Firenze romana a quella medievale. Costruita nei primi decenni del V secolo d.C., all'interno delle mura romane di *Florentia*, i resti della basilica rappresentano una testimonianza preziosa della continuità urbana, religiosa e culturale della città. Secondo la tradizione, la chiesa fu dedicata a Santa Reparata (vergine e martire vissuta a Cesarea di Palestina nel III secolo) in seguito alla vittoria, ottenuta nel 406 d.C. contro le orde barbariche guidate da Radagaiso, che sarebbe avvenuta grazie alla sua miracolosa intercessione. A invocarla sarebbe stato il primo vescovo della città, Zanobi, anch'egli futuro santo e compatrono di Firenze. La basilica originaria sorse su un'area già urbanizzata dalla fine del I secolo a.C. e infatti durante gli scavi sono stati rinvenuti resti di strutture romane (I-IV sec.). L'edificio paleocristiano, di grandi dimensioni (circa 50 metri di lunghezza per 25 di larghezza), era a pianta basilicale, suddiviso in tre navate mediante due file di 14 colonne in pietra intonacata, aveva orientamento verso est e un'abside centrale emisferica. Il pavimento musivo è un vero capolavoro dell'edificio: realizzato da maestranze romane operanti in Nordafrica, rifletteva il livello artistico e culturale della Firenze tardo-antica e gli stretti rapporti commerciali con la sponda meridionale del Mediterraneo. Decorato con motivi

Beneath the present Cathedral of Santa Maria del Fiore lie the remains of the ancient early Christian Basilica of Santa Reparata, whose archaeological site was brought to light during excavations carried out between 1965 and 1973. Today, visitors can explore it via an evocative underground route accessible from a staircase located in the right nave of the Cathedral. The experience is like a journey through time, from Roman to medieval Florence. Built in the early decades of the 5th century AD, within the Roman walls of *Florentia*, the remains of the basilica offer valuable evidence of the city's urban, religious, and cultural continuity. According to tradition, the church was dedicated to Saint Reparata—a virgin and martyr from Caesarea in Palestine in the 3rd century—following the victory over the barbarian hordes led by Radagaisus in 406 AD, a triumph attributed to her miraculous intercession. She was invoked by Florence's first bishop, Zenobius, who later became a saint and co-patron of the city. The original basilica was built on an area that had already been urbanized since the end of the 1st century BC. In fact, during the excavations, remains of Roman structures (1st–4th century AD) were discovered. The early Christian church, large in size (about 50 meters long and 25 meters wide), had a basilica floor plan with three naves separated by two rows of 14 plastered stone columns. It faced east and had a central hemispherical apse. One of the building's highlights is its mosaic floor, a true masterpiece crafted by Roman artisans active in North Africa. It reflects the high artistic and cultural standards of late ancient Florence and its strong trade ties with the southern Mediterranean. The mosaic is decorated with geometric patterns,

All'interno di Santa Maria del Fiore si possono visitare i resti della basilica paleocristiana di Santa Reparata, che fu la cattedrale di Firenze prima dell'attuale.

Inside Santa Maria del Fiore, you can visit the remains of the early Christian Basilica of Santa Reparata, which was Florence's cathedral before the current one.

geometrici, nodi di Salomone e un grande pavone — simbolo cristiano di eternità e resurrezione —, il mosaico riporta anche l'epigrafe con i nomi dei quattordici benefattori che ne finanziarono la realizzazione e le misure, in piedi, delle porzioni di mosaico donate. La basilica rimase in funzione per oltre otto secoli, subendo trasformazioni e ampliamenti in varie fasi storiche. Nel IX secolo, a seguito del de-

Solomon's knots, and a large peacock—a Christian symbol of eternity and resurrection—and includes an inscription listing the names of 14 benefactors who funded its creation along with the measurements (in Roman feet) of the mosaic sections they donated. The basilica remained in use for over eight centuries, undergoing various renovations and expansions over time. During the 9th century, follow-

Dettaglio del pavone, unico motivo figurativo nel pavimento musivo della basilica paleocristiana di Santa Reparata (circa 100 metri quadri superstiti), decorato prevalentemente con figure geometriche tra cui esagoni, losanghe e nodi di Salomone.

Detail of the peacock, the only figurative motif in the mosaic floor of the early Christian Basilica of Santa Reparata (approximately 100 square meters remaining), decorated mainly with geometric figures including hexagons, lozenges and Solomon's knots.

clino longobardo e nel clima di rinascita promosso da Carlo Magno, l'edificio venne rinnovato: furono installati pavimenti in cotto e frammenti marmorei e lapidei di reimpiego a circa 20 cm sopra i mosaici originari. Le colonne vennero sostituite da pilastri, fu costruita una cappella sul lato meridionale e due torri campanarie ai lati dell'abside. In questo periodo giunsero dalla vicina **basilica di San Lorenzo** le reliquie di San Zanobi, custodite in una prima cripta appositamente scavata. Sempre a questo contesto risalgono rare fibule e fibbie longobarde, oggi esposte nel percorso archeologico. Tra l'XI e il XIII secolo, in periodo Romanico, con Firenze

ing the decline of Lombard rule and under the revival initiated by Charlemagne, the structure was refurbished: terracotta floors and reused marble fragments were installed about 20 cm above the original mosaics. The columns were replaced by pillars, a chapel was built on the south side, and two bell towers were erected flanking the apse. At this time, the relics of Saint Zenobius were transferred from the nearby **Basilica of San Lorenzo** to a specially constructed crypt. Also dating to this phase are rare Lombard brooches and buckles, now displayed along the archaeological route. Between the 11th and 13th centuries, in the Romanesque

Panoramica dell'area archeologica della basilica paleocristiana di Santa Reparata.

Overview of the archaeological area of the early Christian Basilica of Santa Reparata.

Frammenti di pluteo o recinzione presbiteriale dalla basilica paleocristiana di Santa Reparata, IX-X sec. d.C.

Fragments of a pluteus or presbyterial enclosure from the early Christian Basilica of Santa Reparata, 9th-10th century AD.

divenuta capitale della Tuscia e poi libero comune, la basilica venne nuovamente modificata: l'intera struttura fu rialzata su sette grandi pilastri, nella zona absidale fu aggiunta una cappella settentrionale speculare a quella altomedievale e vennero costruite due absidiole laterali. Fu stesa una nuova pavimentazione in cotto a circa 65 cm sopra quella precedente. Il presbiterio fu sopraelevato sopra la cripta, a cui si accedeva tramite una scalinata, secondo il modello architettonico delle principali chiese romaniche, come la fiorentina **San Miniato al Monte**. Nella cripta sarebbero stati sepolti anche due papi: Stefano IX e Niccolò II. I loro pallii papali dell'XI secolo sono visibili all'interno di una teca. Durante il XIII e XIV secolo, Santa Reparata rimase il centro religioso della città, fino alla demolizione avvenuta nel 1379, quando ormai la nuova cattedrale di Santa Maria del Fiore, costruita sopra e intorno all'antica basilica, era in fase avanzata di costruzione. Nel frattempo, la chiesa continuò a ospitare funzioni religiose e prestigiose sepolture. Notevoli

period—when Florence had become the capital of Tuscia and later a free commune—the basilica underwent further modifications: the entire structure was elevated on seven large pillars, a northern chapel was added to mirror the early medieval one on the south side, and two side apses were constructed. A new terracotta floor was laid approximately 65 cm above the previous level. The presbytery was raised above the crypt, which could be accessed via a staircase, following the architectural model of major Romanesque churches such as **San Miniato al Monte** in Florence. The crypt is believed to have been the burial site of two popes: Stephen IX and Nicholas II, whose papal pallia (dating to the 11th century) are now displayed in a central showcase. During the 13th and 14th centuries, Santa Reparata continued to serve as the city's religious center until it was demolished in 1379, by which time construction of the new cathedral, Santa Maria del Fiore, built over and around the old basilica, was well underway. In the meantime, the church continued to host

Nella decorazione musiva una targa reca i nomi di quattordici benefattori che finanziarono la realizzazione del pavimento con le misure, in piedi, delle porzioni di mosaico donate.

In the mosaic decoration, a plaque bears the names of fourteen benefactors who financed the construction of the floor with the measurements, in Roman feet, of the portions of mosaic donated.

sono le lapidi funerarie trecentesche ritrovate *in loco*, molte delle quali raffigurano i defunti a figura intera, arricchite da stemmi araldici, pitture policrome o intarsi marmorei. Tra queste spicca la *Tomba del gonfaloniere Giovanni de' Medici* (morto nel 1352), decorata con marmi scolpiti e al cui interno furono rinvenute una spada e speroni dorati, oggi custoditi in una teca centrale. Ancora visibili nell'area presbiteriale sono porzioni di affreschi (XII-XIV sec.), tra cui particolare rilevanza ha un *Cristo in pietà tra la Madonna e San Giovanni*, collocato nell'abside minore destro e databile al 1366 ca. Quest'opera è testimonianza della vitalità artistica e liturgica della chiesa fino a ridosso della sua demolizione. L'intero sito archeologico di Santa Reparata rappresenta oggi una fonte insostituibile per comprendere l'evoluzione di Firenze tra Età Imperiale e Medioevo, con la sua capacità di adattarsi, rinnovarsi e sopravvivere a trasformazioni politiche, religiose e architettoniche.

La storia della basilica non è soltanto un capitolo dell'architettura sacra, ma anche uno specchio della vita fiorentina, del suo clero e delle sue vicende religiose. Dalla dedizione alla martire orientale alla presenza di venerate reliquie, dalla maestosità delle decorazioni musive alla complessità delle trasformazioni edilizie, Santa Reparata

religious services and prestigious burials. Notable are the 14th-century tombstones found on site, many of which depict full-length figures of the deceased, adorned with heraldic coats of arms, polychrome paintings, or marble inlays. Among the most remarkable is the *Tomb of Giovanni de' Medici*, gonfaloniere (chief magistrate) of Florence, who died in 1352. His tomb, decorated with sculpted marble, contained a sword and gilded spurs, now preserved in a central display case. Still visible in the presbytery area are fragments of frescoes (12th–14th centuries), including a striking *Christ in Pity between the Virgin Mary and Saint John*, located in the right minor apse and dated to around 1366. This work testifies to the church's artistic and liturgical vitality up until its demolition. The archaeological site of Santa Reparata is today an invaluable resource for understanding Florence's evolution from the Imperial Age to the Middle Ages, showcasing its ability to adapt, renew, and survive political, religious, and architectural transformations.

The history of the basilica is not only a chapter of sacred architecture but also a reflection of Florentine life, its clergy, and its religious events. From its dedication to the Eastern martyr to the veneration of relics, from the grandeur of its mosaic decoration to the complexity of its architectural changes, Santa Reparata tells a

Tomba di Filippo Brunelleschi, 1446. L'iscrizione in latino recita: "<Qui giace> il corpo dell'uomo di grande ingegno Filippo di ser Brunellesco fiorentino".

Tomb of Filippo Brunelleschi, 1446. The Latin inscription reads: '<Here lies> the body of the men of great genius Filippo di ser Brunellesco, Florentine.'

racconta una storia millenaria. Oltre alla *Tomba di Giovanni de' Medici*, si segnala l'eccezionale scoperta della sepoltura di Filippo Brunelleschi, il geniale architetto della cupola della Cattedrale, omaggiato ogni anno da visitatori di tutto il mondo. Le fonti storiche citano anche le presunte tombe di Giotto e Arnolfo di Cambio, ma i loro resti non sono mai stati ritrovati.

thousand-year-old story. In addition to the *Tomb of Giovanni de' Medici*, a truly exceptional discovery is the burial of Filippo Brunelleschi, the brilliant architect of the Cathedral's dome, honored each year by visitors from around the world. Historical sources also mention the presumed tombs of Giotto and Arnolfo di Cambio, although their remains have never been found.

Niccolò di Tommaso?, *Cristo in pietà tra la Madonna e san Giovanni apostolo*, seconda metà del XIV sec., affresco, resti archeologici di Santa Reparata.

Arnolfo di Cambio, *Santa Reparata*, 1300-1310, Museo dell'Opera del Duomo, Sala del Paradiso. A questa santa, che trovò il martirio a Cesarea di Palestina nel 250 d.C., era intitolata l'antica Cattedrale.

Niccolò di Tommaso?, *Christ in Piety between the Virgin Mary and Saint John the Apostle*, second half of the 14th century, fresco, archaeological remains of Santa Reparata.

Arnolfo di Cambio, *Saint Reparata*, 1300-1310, Opera del Duomo Museum, Sala del Paradiso. The ancient Cathedral was dedicated to this saint, who was martyred in Caesarea of Palestine in 250 AD.

VISITA IL SITO

VISIT WEBSITE

Il bassorilievo nel timpano della porta d'ingresso del Campanile di Giotto raffigura l'*Agnus Dei* (l'Agnello di Dio, cioè Cristo), ma era anche lo stemma dell'Arte della Lana, che sovrintendeva alla Cattedrale tramite l'Opera di Santa Maria del Fiore.

The bas-relief in the tympanum of the entrance door of Giotto's Bell Tower depicts the *Agnus Dei* (the Lamb of God, that is, Christ). However, it was also the emblem of the Wool Guild, which oversaw the Cathedral through the Opera of Santa Maria del Fiore.

IL CAMPANILE DI GIOTTO
GIOTTO'S BELL TOWER

Alla destra della Cattedrale di Firenze, conosciuta da tutti come il **Campanile di Giotto** svetta, per un'altezza di 84,7 metri, la sua Torre Campanaria. Era il 1334 quando Giotto di Bondone fu chiamato, dall'Opera di Santa Maria del Fiore, a dirigere i lavori di quello che sarebbe stato il campanile della Cattedrale. I lavori iniziarono il 18 luglio dello stesso anno, quando Giotto era ormai quasi settantenne, e proseguirono ben oltre la sua morte, avvenuta nel 1337. Di fronte si animava, già dal 1296, il cantiere della nuova Cattedrale, parte della cui facciata era stata costruita usando la policromia caratteristica del romanico toscano e derivata dal più antico Battistero, il marmo bianco e il verde di Prato. Giotto assecondando questa tendenza erige la parte più bassa della Torre partendo dalla bicromia bianco-verde e aggiungendo un marmo rosato meglio conosciuto come rosso di Siena, costruendo un basamento di forte e massiccia muratura addolcita proprio dall'uso del marmo rosa. Nella redazione originale Giotto aveva progettato una torre a base quadrata che sarebbe dovuta culminare con una guglia, cosa che non avvenne nella realizzazione definitiva. A sostituire Giotto, nel 1337, fu chiamato un suo allievo e stretto collaboratore, Andrea Pisano, lo stesso artista della *Porta Sud* del Battistero. Andrea con tutta probabilità ideò, partendo da un'idea giottesca, l'intera macchina scultorea che circonda il basamento dell'edificio, una teoria di ventisei esagoni che partono dalla *Creazione di Adamo*, la *Creazione di Eva* e il *Lavoro dei Progenitori* per proseguire, tutto intorno ai lati del Campanile, con la rappresentazione e l'esaltazione del lavoro dell'uomo, evocando la *Genesi* e celebrando quelle attività che erano peculiari di Firenze e

To the right of the Florence Cathedral, commonly known as **Giotto's Bell Tower**, stands the actual Bell Tower, which reaches a height of 84.7 meters. In 1334, Giotto di Bondone was commissioned by the Opera di Santa Maria del Fiore to oversee the construction of what would become the Cathedral's bell tower. Work began on July 18 of that year, when Giotto was nearly seventy, and continued until his death in 1337. Construction of the new Cathedral had been underway across the street since 1296, and part of its façade had already been built using the classic polychrome technique, characteristic of Tuscan Romanesque architecture, which was derived from the older Baptistery: white marble and green Prato marble. Giotto, embracing this trend, designed the lower part of the Tower using a two-tone white and green marble, adding a pinkish marble, better known as rosso di Siena, to create a base of strong, massive masonry softened by the use of the pink marble. In the original draft, Giotto had designed a square-based tower topped with a spire, but this was not realized in the final construction. Giotto's pupil and close collaborator, Andrea Pisano—the same artist who created the *South Door* of the Baptistery—was called to replace him in 1337. Andrea most likely drew on Giotto's ideas to design the sculptural decorations surrounding the building's base: a series of twenty-six hexagons, starting with the *Creation of Adam*, the *Creation of Eve*, and the *Work of the First Parents*, and continuing around the sides of the Bell Tower with depictions celebrating human labor, evoking *Genesis* and honoring activities spe-

Il Campanile di Giotto ha una base quadrata di 15 metri circa per lato con rafforzi angolari che salgono fino al coronamento a sbalzo orizzontale posto a 84,7 metri di altezza.

Giotto's Bell Tower has a square base measuring approximately 15 meters per side with corner reinforcements that rise up to the horizontal cornice at a height of 84.7 meters.

dei suoi dintorni. Gli esagoni che girano intorno alla Torre fino al lato settentrionale, quello prospiciente al passaggio con la Cattedrale, sono tutti opera di Pisano e della sua bottega, mentre gli ultimi cinque, con la rappresentazione della *Grammatica*, della *Dialettica* (Platone e Aristotele), della *Musica* (Orfeo), della *Geometria*, dell'*Aritmetica* e dell'*Astrologia* (Pitagora), incastonati proprio nella parte meno accessibile, furono eseguiti tra il 1437 e il 1439 da Luca della Robbia. Subito sopra, nel secondo registro, sempre progettato da Giotto, Pisano organizza una serie di ventotto formelle a losanga, impreziosite sul fondo da maiolica azzurra, rappresentanti i *Pianeti*. Questa iconografia, pur non essendo contemplata nel progetto giottesco, fu probabilmente scelta da Andrea Pisano

cific to Florence and its surroundings. The hexagons surrounding the Tower up to the northern side, facing the passage to the Cathedral, are all the work of Pisano and his workshop, while the last five—depicting *Grammar*, *Dialectic* (Plato and Aristotle), *Music* (Orpheus), *Geometry*, *Arithmetic*, and *Astrology* (Pythagoras)—were executed between 1437 and 1439 by Luca della Robbia, and are set in the most inaccessible part of the tower. Above these, in the second register, also designed by Giotto, Pisano arranged a series of twenty-eight lozenge-shaped reliefs, set against a blue maiolica background, representing the *Planets*. Although this iconography was not part of Giotto's original design, it was likely chosen by Andrea Pisano be-

Andrea Pisano e aiuti, Formelle esagonali in bassorilievo con *Dio crea Adamo; Dio crea Eva; Lavoro dei Progenitori; Jabal ossia l'inizio della pastorizia; Jubal o l'inizio dell'arte musicale; Tubalcain ossia l'inizio della metallurgia; Ubriachezza di Noè, ossia l'inizio della viticoltura,* 1334-1348, marmo, Museo dell'Opera del Duomo, Galleria del Campanile. Le formelle provengono dal primo registro del lato ovest del Campanile di Giotto.

Andrea Pisano and assistants, Hexagonal reliefs depicting *God creating Adam; God creating Eve; Work of the First Parents; Jabal: the beginning of sheep herding; Jubal or the beginning of the art of music; Tubalcain: the beginning of the metal work; Noah's Drunkenness: the beginning of wine making*, 1334-1348, marble, Opera del Duomo Museum, Gallery of Bell Tower. The reliefs come from the first register of the west side of Giotto's Bell Tower.

Nanni di Bartolo, *San Giovanni Battista (?)*, 1425, marmo, Museo dell'Opera del Duomo, Galleria del Campanile. Proveniente dal lato ovest del Campanile di Giotto.

Donatello, *Profeta* (*Abacuc* o *Eliseo*?), 1434-1436, marmo, Museo dell'Opera del Duomo, Galleria del Campanile. Proveniente dal lato ovest del Campanile di Giotto.

Nanni di Bartolo, *Saint John the Baptist (?)*, 1425, marble, Opera del Duomo Museum, Gallery of Bell Tower. From the west side of Giotto's Bell Tower.

Donatello, *Prophet* (*Abacuc* or *Eliseo*?), 1434-1436, marble, Opera del Duomo Museum, Gallery of Bell Tower. From the west side of Giotto's Bell Tower.

Donatello, *Geremia*, 1427-1436, marmo, Museo dell'Opera del Duomo, Galleria del Campanile. Proveniente dal lato ovest del Campanile di Giotto.

Nanni di Bartolo, *Profeta Abdia*, 1422, marmo, Museo dell'Opera del Duomo, Galleria del Campanile. Proveniente dal lato ovest del Campanile di Giotto.

Donatello, *Jeremiah*, 1427-1436, marble, Opera del Duomo Museum, Gallery of Bell Tower. From the west side of Giotto's Bell Tower.

Nanni di Bartolo, *Prophet Obadiah*, 1422, marble, Opera del Duomo Museum, Gallery of Bell Tower. From the west side of Giotto's Bell Tower.

Donatello, *Profeta imberbe*, 1416-1418, marmo, Museo dell'Opera del Duomo, Galleria del Campanile. Proveniente dal lato est del Campanile di Giotto.

Nanni di Bartolo (attr.), *Profeta barbuto,* primo quarto del XV secolo, marmo, Museo dell'Opera del Duomo, Galleria del Campanile. Proveniente dal lato est del Campanile di Giotto.

Donatello, *Beardless Prophet*, 1416-1418, marble, Opera del Duomo Museum, Gallery of Bell Tower. From the east side of Giotto's Bell Tower.

Nanni di Bartolo (attr.), *Bearded Prophet*, first quarter of the 15th century, marble, Opera del Duomo Museum, Gallery of Bell Tower. From the east side of Giotto's Bell Tower.

Donatello e Nanni di Bartolo, *Sacrificio di Isacco*, 1421, marmo, Museo dell'Opera del Duomo, Galleria del Campanile. Proveniente dal lato est del Campanile di Giotto.

Donatello, *Profeta pensieroso*, 1418-1420, marmo, Museo dell'Opera del Duomo, Galleria del Campanile. Proveniente dal lato est del Campanile di Giotto.

Donatello and Nanni di Bartolo, *Sacrifice of Isaac*, 1421, marble, Opera del Duomo Museum, Gallery of Bell Tower. From the east side of Giotto's Bell Tower.

Donatello, *Thoughtfull Prophet*, 1418-1420, marble, Opera del Duomo Museum, Gallery of Bell Tower. From the east side of Giotto's Bell Tower.

perché era consuetudine credere che i pianeti fossero in qualche modo legati agli avvicendamenti terrestri e che potessero influire anche sul temperamento e sul lavoro dell'uomo. A seguire, nel registro delle formelle a losanga c'è la rappresentazione delle *Virtù Teologali*, *Cardinali*, le *Arti liberali* e i *Sacramenti*. L'estro e la concezione diversa da quella prettamente giottesca portò Andrea Pisano a realizzare, sopra le formelle a losanga un susseguirsi di nicchie goticheggianti nelle quali erano contenute delle statue che rappresentavano *Sibille* e *Profeti* (*Davide*, *Salomone*, la *Sibilla Tiburtina* e quella *Eritrea*, per citarne alcuni), realizzate dallo stesso Pisano, la sua bottega e dal figlio Nino. Queste sculture furono sostituite nel Quattrocento con opere di Donatello e del suo collaboratore Nanni di Bartolo detto il Rosso. Donatello lavorò alle sculture in due fasi distinte, la prima a cui appartengono il cosiddetto *Profeta Imberbe*, il *Profeta Pensieroso* e il *Sacrificio di Isacco*, in collaborazione con Nanni di Bartolo. Dello stesso periodo è anche il *Profeta Abdia* di Nanni di Bartolo, opera firmata nel cartiglio. Nella seconda e più tarda fase viene realizzato il *San Giovanni Battista*, opera dalla paternità incerta, nonostante la presenza della firma scolpita attribuita a Donatello, e dall'iconografia dubbia: l'identificazione con il Battista è suggerita dal cartiglio che regge tra le mani, recante l'iscrizione *Ecce Agnus Dei*. A questa seconda fase appartengono anche le due sculture più famose e sicuramente ascrivibili a Donatello: *Geremia* e *Abacuc* (o forse *Eliseo*), popolarmente chiamato *Zuccone* per via della sua evidente calvizie. Tutte le opere citate furono, nel tempo, rimosse dalla collocazione originaria per essere restaurate ed esposte nel **Museo dell'Opera del Duomo** e oggi conservate nella cosiddetta Galleria del Campanile. In fattispecie i lavori di recupero delle formelle esagonali e a losanga

cause of the common belief at the time that the planets had a connection to earthly events and could influence both man's temperament and his work. Next, in the lozenge-shaped reliefs register, are depictions of the *Theological* and *Cardinal Virtues*, the *Liberal Arts*, and the *Sacraments*. Andrea Pisano's creative vision, which differed from Giotto's, led him to add a series of Gothic-style niches above the lozenge-shaped reliefs, containing statues of *Sibyls* and *Prophets* (including *David*, *Solomon*, the *Tiburtine Sibyl*, and the *Eritrean Sibyl*, among others). These sculptures were created by Pisano, his workshop, and his son Nino. In the 15th century, these statues were replaced by works by Donatello and his collaborator Nanni di Bartolo also known as Rosso. Donatello worked on these sculptures in two distinct phases: the first phase included the so-called *Beardless Prophet*, the *Thoughtfull Prophet*, and the *Sacrifice of Isaac*, in collaboration with Nanni di Bartolo. Also, from this period is *Abdia Prophet* by Nanni di Bartolo, a work signed on the cartouche. In the second phase, Donatello created *Saint John the Baptist*, a work whose complete authorship is debated, although the carved signature is present. Its iconography is also uncertain, as it strongly favors John the Baptist, as evidenced by the cartouche he holds, inscribed with *Ecce Agnus Dei*. This phase also includes the two most famous sculptures, undoubtedly by Donatello: *Jeremiah* and *Habakkuk* (or possibly *Elisha*), popularly known as *Zuccone* because of the prophet's distinctive baldness. Over time, all these works were removed from their original locations for restoration and are now preserved in the **Opera del Duomo Museum**, specifically in the so-called Galleria del Campanile. Restoration work

iniziarono il 19 ottobre 1964 per continuare fino al 1970 quando, il 2 dicembre, i lavori di rimozione furono conclusi. Le statue invece furono, in fasi alterne, rimosse negli anni Quaranta. Alla direzione dei lavori di Andrea Pisano, a cui venne revocato il mandato, subentrò Francesco Talenti che porterà a termine i lavori nel 1359. Talenti nel 1351 compare ufficialmente come Capo Mastro dell'Opera del Duomo e riuscì a integrare egregiamente il proprio lavoro con quello fatto dai suoi predecessori, intervenendo, con tutta probabilità, quando il secondo e terzo piano erano già stati costruiti per poi continuare con l'ultimo livello. Talenti riuscì con grande dimestichezza a dialogare con l'estetica della torre campanaria, alleggerendola tramite l'apertura delle finestre a bifora, due per lato, che danno quello slancio in verticale verso lo zenit a cui il Campanile è proiettato. Allo stesso modo, ma con una sola finestra per lato, Francesco Talenti completò l'ultimo blocco del Campanile con una grande trifora di raffinato gusto gotico e, per la corona della torre, abbandonò l'idea iniziale di farla culminare con una guglia, progettando invece un delicato terrazzamento che tuttavia richiamava la linea orizzontale concepita da Giotto alla base.

Oggi la Torre è ancora visitabile nella sua interezza percorrendo, fino al terrazzamento finale, 414 gradini divisi tra scale rettilinee ed eleganti chiocciole e scandendo l'esperienza tra i livelli, a partire dal piano terreno, che ancora riflette la sua matrice giottesca, fino ad arrivare alle sale progettate da Francesco Talenti che con le sue aperture, fatte di bifore e trifore, regalano un panorama mozzafiato sulla città. Dodici erano le campane di cui il campanile era dotato, cinque delle quali, le più antiche, sono state dismesse. Una di queste, la maggiore, chiamata l'"Apostolica", risale al Quattrocento ed è visibile durante il percorso di visita.

on the hexagonal and lozenge-shaped reliefs began on October 19, 1964, and was completed in 1970. The statues were removed in alternating phases throughout the 1940s. Francesco Talenti took over the direction of the works after Andrea Pisano's mandate was revoked and completed the tower in 1359. Talenti officially became the Master of the Opera del Duomo in 1351 and successfully integrated his work with that of his predecessors, likely continuing after the second and third floors had already been built. He then completed the top level. Talenti skillfully engaged with the aesthetics of the bell tower, lightening its appearance by opening pairs of mullioned windows on each side, which give that vertical thrust toward the zenith to which the Campanile aspires. In the same way, but with only one window per side, Francesco Talenti completed the uppermost section of the Campanile with a large three-light window of refined Gothic taste. For the crown of the tower, he abandoned the original idea of crowning it with a spire, instead designing a delicate terrace that nevertheless echoed the horizontal line conceived by Giotto at the base.

Today, the tower can still be visited in its entirety, climbing all 414 steps—divided between straight flights and elegant spiral staircases—and experiencing its levels in sequence, from the ground floor, which still reflects Giotto's design, up to the rooms conceived by Francesco Talenti, whose openings, with their mullioned and three-light windows, offer breathtaking views over the city. The bell tower once held twelve bells, five of which—the oldest—have since been retired. One of these, the largest, called the "Apostolica," dates back to the 15th century and can be seen along the visitor route.

Dettaglio del timpano della porta del Campanile di Giotto, con rilievo dell'*Agnus Dei* e le repliche (gli originali sono conservati presso il Museo dell'Opera del Duomo) del *Cristo in gloria* (?) di Francesco Talenti (?) del terzo quarto del XIV secolo, tra due *Profeti* (?) di Nanni di Bartolo (?) dell'inizio del XV secolo.

Formella a losanga della bottega di Andrea Pisano, *Personificazione del pianeta Saturno,* 1334-1343, marmo e ceramica, Museo dell'Opera del Duomo, Galleria del Campanile. Proveniente dal secondo registro del lato ovest del Campanile di Giotto.

Detail of the tympanum of the door of Giotto's Bell Tower, with a relief of the *Agnus Dei* and replicas (the originals are kept at the Museo dell'Opera del Duomo) of *Christ in Glory* (?) by Francesco Talenti (?) from the third quarter of the 14th century, between two *Prophets* (?) by Nanni di Bartolo (?) from the early 15th century.

Lozenge-shaped relief from Andrea Pisano's workshop, *Personification of the Planet Saturn,* 1334-1343, marble and ceramic, Opera del Duomo Museum, Gallery of Bell Tower. From the second register on the west side of Giotto's Bell Tower.

VISITA IL SITO

VISIT WEBSITE

Giorgio Vasari, Federico Zuccari, *Due angeli con simboli della Passione: uno con il titolo della Croce "I:N:R:I" e uno con il cartiglio "ECCE HOMO"* sopra al *Cristo Giudice*, settore est della Cupola.

Giorgio Vasari, Federico Zuccari, *Two angels with symbols of the Passion: one with the title of the Cross 'I:N:R:I' and one with the scroll 'ECCE HOMO'* above *Christ the Judge*, eastern sector of the Dome.

LA CUPOLA DI BRUNELLESCHI
BRUNELLESCHI'S DOME

"*Chi mai sì duro o sì invido non lodasse Pippo architetto vedendo qui struttura sì grande, erta sopra e' cieli, ampla da coprire con sua ombra tutti e' popoli toscani* [...]?" Con queste parole Leon Battista Alberti celebrava la cupola di Santa Maria del Fiore e il suo geniale architetto, Filippo Brunelleschi. Capolavoro assoluto della storia dell'arte, dell'architettura e dell'ingegneria, la Cupola è il simbolo della città di Firenze e, più in generale, del Rinascimento fiorentino e della stagione dell'Umanesimo nelle arti. Questa grandiosa costruzione ha un diametro esterno di 54,8 metri e un'altezza di 91 metri (che raggiunge i 116 con la lanterna e la palla d'oro sulla cima); è la più vasta volta in muratura del pianeta e, fino all'avvento dell'età contemporanea, è stata la più grande cupola mai realizzata dall'uomo. All'esterno, la struttura si impone sulla parte orientale della Cattedrale come un edificio monumentale a pianta centrale, elevato su un tamburo ottagonale incastonato tra le tre tribune absidali e il corpo della basilica. La cupola è costituita da otto vele in laterizio a profilo archiacuto, scandite da costoloni in marmo bianco e culminanti nella grande lanterna, anch'essa in marmo bianco, sulla cui sommità risplende il globo con la croce d'oro. Quando Arnolfo di Cambio tracciò il primo progetto della nuova Cattedrale, alla fine del Duecento, previde certamente che l'area presbiteriale fosse sormontata da una cupola, come nelle cattedrali di Pisa e Siena. Probabilmente immaginava già una struttura a base ottagonale, simile alla volta del più antico Battistero, ma probabilmente di dimensioni inferiori rispetto a quella che fu poi realizzata. Nel corso del Trecento, fu deciso di ampliare la pianta della basili-

"*Who, however hard-hearted or envious, would not praise Pippo the architect, upon seeing here such a vast structure, towering above the skies, broad enough to cast its shadow over all the people of Tuscany* [...]?" With these words, Leon Battista Alberti praised the dome of Santa Maria del Fiore and its brilliant architect, Filippo Brunelleschi. An undisputed masterpiece in the history of art, architecture, and engineering, the Dome is the symbol of the city of Florence and, more broadly, of the Florentine Renaissance and the Humanist era in the arts. This monumental construction has an external diameter of 54.8 meters and a height of 91 meters (rising to 116 meters with the lantern and golden ball on top). It is the largest masonry vault in the world and, until the modern age, was the largest dome ever built by human hands. On the outside, the structure dominates the eastern side of the Cathedral like a centrally-planned monumental building, rising from an octagonal drum set between the three apsidal chapels and the body of the basilica. The dome consists of eight brick segments with pointed profiles, marked by white marble ribs and culminating in the large lantern—also in white marble—atop which shines the globe with the golden cross. When Arnolfo di Cambio designed the first plan for the new Cathedral at the end of the thirteenth century, he certainly intended for the presbytery area to be surmounted by a dome, as in the cathedrals of Pisa and Siena. He likely already envisioned an octagonal base, similar to that of the older Baptistery, though probably smaller than the one ultimately built. In the fourteenth century,

Veduta del lato sud-est della Cupola, con l'unica porzione di decorazione del tamburo portata a compimento, ovvero il ballatoio di Baccio d'Agnolo (1515) che Michelangelo schernì definendola "gabbia per grilli".

View of the southeast side of the Dome, with the only portion of decoration of the drum ever completed: the balcony by Baccio d'Agnolo (1515), which Michelangelo mocked as a "cricket cage."

Nel 1471 Andrea del Verrocchio mise in opera il globo con la croce di bronzo dorato sulla sommità della lanterna della Cupola della Cattedrale.

In 1471, Andrea del Verrocchio installed the globe with the gilded bronze cross on top of the lantern of the Cathedral's Dome.

ca, e prese forma quel vuoto ottagonale al centro del presbiterio, su cui sarebbe stata eretta la gigantesca volta. Quella sfida ingegneristica fu raccolta nel secolo successivo e allora l'Opera, come sua consuetudine, nel 1418 indisse una gara per trovare una soluzione a un problema di così vasta portata: neppure la cupola del Pantheon di Roma (la più raffinata espressione architettonica della più grande civiltà antica) raggiungeva il diametro di quella che si doveva ora costruire. E come sarebbe stato possibile farlo, se non esistevano materiali tanto lunghi e resistenti da per-

the basilica's plan was enlarged, creating the octagonal void at the center of the presbytery on which the enormous vault would eventually rise. That engineering challenge was taken up in the following century, and in 1418, the Opera, as was its custom, announced a competition to solve this daunting problem: not even the Pantheon in Rome—the most refined architectural achievement of the greatest ancient civilization—matched the diameter of the dome now planned. And how could it be built, if no materials existed that were both long and strong enough

Muro interno della Cupola con copertura in mattoni disposti a "spina-pesce".

Interior wall of the Dome with brick covering laid in a "herringbone" pattern.

mettere la costruzione delle centine di sostegno? Tra le molte proposte pervenute convinse quella di Filippo Brunelleschi – architetto, scultore, ingegnere meccanico, matematico, inventore, scenografo, intellettuale e padre del Rinascimento – al quale, per alcuni anni, fu affiancato nel cantiere anche Lorenzo Ghiberti. Nessuno ha compreso ancora oggi quale sia il segreto di quel cantiere (che Brunelleschi custodì gelosamente fin dall'inizio), ma è un fatto che, in soli sedici anni, dal 1420 al 1436, con poche decine di operai e senza armature di sostegno, egli portò a compimento quest'opera. Quel che sappiamo è che, per erigere la cupola, Brunelleschi progettò ponteggi aerei, straordinarie macchine e strumenti, e diede vita al primo cantiere dell'era moderna, garanzia di sicurezza ed efficienza. Da un punto di vista strutturale, provvide a potenziare le parti di sostegno, sopraelevò in pietra forte il tamburo di alcuni metri e vi eresse poi intorno quattro esedre. Successivamente, ispirandosi alla copertura del Battistero, innalzò non una, ma due cupole in muratura: quella interna, con un angolo maggiore e maggior spessore, che funge da sostegno a quella esterna. Le due calotte sono rese solidali mediante ventiquattro nervature meridiane e dieci parallele, oltre a sproni angolari, altri elementi intermedi e una catena di grandi tronchi di castagno che ne cinge la base.

Ancora, le parti in laterizio furono realizzate con la tecnica a spina di pesce, ov-

Giorgio Vasari, Federico Zuccari, *Giudizio Universale*, 1572-1579.

Giorgio Vasari, Federico Zuccari, *Last Judgement*, 1572-1579.

to support such centering? Among the many proposals submitted, the one by Filippo Brunelleschi—architect, sculptor, mechanical engineer, mathematician, inventor, stage designer, intellectual, and father of the Renaissance—proved persuasive. For several years, Lorenzo Ghiberti also worked alongside him on the site. To this day, the secret of that construction site remains unknown (Brunelleschi guarded it jealously from the beginning), but what is certain is that, in just sixteen years—from 1420 to 1436—and with only a few dozen workers and no supporting frameworks, he completed the dome. What we do know is that Brunelleschi designed aerial scaffolding, extraordinary machines and tools, and created the first modern construction site—an example of safety and efficiency. Structurally, he reinforced the supports, raised the drum several meters using 'pietra forte' (a strong local stone), and built four exedras around it. Then, inspired by the Baptistery's roof, he erected not one, but two masonry domes: the inner one, with a steeper angle and thicker walls, supports the outer shell. The two domes are connected by twenty-four meridional and ten parallel ribs, along with corner spurs, other intermediate elements, and a chain of massive chestnut beams encircling the base.

The brickwork was constructed using the herringbone technique, alternating rows of horizontal bricks with vertically laid ones, following a spiral pattern that prevents slipping.

L'immenso dipinto murale della Cupola si basa su un raffinato programma iconografico, elaborato dal teologo, intellettuale di corte e monaco benedettino Vincenzo Borghini.

The immense cycle of frescoes of the Dome is based on a refined iconographic program, developed by the theologian, court intellectual and Benedictine monk Vincenzo Borghini.

Nel registro sommitale della Cupola, in gruppi di tre, entro una finta architettura trabeata, Giorgio Vasari raffigurò i Ventiquattro vegliardi intorno al trono di Dio descritti nell'*Apocalisse*.

In the uppermost register of the Dome, in groups of three within a faux trabeated architecture, Giorgio Vasari depicted the Twenty-Four Elders around the throne of God described in the *Apocalypse*.

Giorgio Vasari, Federico Zuccari, *Cristo Giudice tra la Vergine Maria, San Giovanni Battista e angeli*, settore est della Cupola.

Giorgio Vasari, Federico Zuccari, *Angeli con la colonna della flagellazione e gerarchie angeliche delle Virtù e delle Potestà*, settore nord della Cupola.

Giorgio Vasari, Federico Zuccari, *Christ the Judge between the Virgin Mary, Saint John the Baptist and angels*, east sector of the Dome.

Giorgio Vasari, Federico Zuccari, *Angels with the Column of the Flagellation and Angelic Hierarchy of the Virtues and Powers*, north sector of the Dome.

Giorgio Vasari, Federico Zuccari, *Temperanza, Puri di cuore e Pietà*, settore nord-ovest della Cupola.

Giorgio Vasari, Federico Zuccari, *San Domenico in abito bianco con mantello nero, San Francesco con saio bruno e cordone, Fra' Stefano nelle vesti di san Romualdo che tiene in mano l'eremo di Camaldoli*; a destra, le *Sante Vergini. Settore* nord-ovest della Cupola.

Giorgio Vasari, Federico Zuccari, *Temperance, Pure of Heart, and Piety*, northwest sector of the Dome.

Giorgio Vasari, Federico Zuccari, *Saint Dominic in a white habit with black cloak, Saint Francis in a brown habit with cord, and Fra Stefano in the vestments of Saint Romuald holding the hermitage of Camaldoli*; to the right, the *Holy Virgins.* Northwest sector of the Dome.

vero alternando file di mattoni orizzontali ad altri murati verticalmente, secondo un pattern rotatorio che ne impedisce lo scivolamento. Al di sopra si innalza la grande lanterna, che fu realizzata dopo la morte di Brunelleschi ma secondo il suo progetto da una successione di valenti architetti: una torre ottagonale in marmo bianco alta 21 metri, il cui peso – circa 750 tonnellate – controbilancia le spinte della cupola interna. Sulla sommità fu infine montata la "palla d'oro", il globo con la croce in rame dorato, anch'essa prevista dal progetto di Filippo, ma realizzata e posta in opera da Andrea del Verrocchio nel 1471. Al completamento del progetto mancò solo la decorazione del tamburo, con una loggia e un fregio. Questa era stata affidata nel 1506 a Baccio d'Agnolo ma, per contrasti tra gli intendenti (tra i quali Michelangelo, che la ribattezzò "gabbia per grilli"), i lavori rimasero incompiuti sul lato sud-orientale solo dieci anni dopo. La meraviglia dell'esterno prosegue all'interno: il tamburo è illuminato da otto vetrate di quasi 5 metri di diametro, istoriate tra il 1434 e il 1445 sui cartoni dei maggiori artisti del Rinascimento fiorentino – Donatello, Ghiberti, Andrea del Castagno e Paolo Uccello –, raffiguranti le *Storie di Maria e di Cristo* (quella orientale fu distrutta da un fulmine nell'Ottocento). Al di sopra si distende l'immenso dipinto murale che ricopre i 3.600 metri quadri di superficie della cupola, realizzato tra il 1572 e il 1579 prima da Giorgio Vasari e, dopo la sua morte, da Federico Zuccari. L'impressionante dipinto raffigura il *Giudizio Universale* riprendendo in parte il soggetto e la composizione dei mosaici duecenteschi del Battistero, ma reinterpretato alla luce della monumentale visione michelangiolesca della Cappella Sistina. Questa straripante composizione di oltre 700 figure è articolata secondo un elaborato programma iconografico, formulato dall'intellettuale

Above this rises the great lantern, built after Brunelleschi's death but following his design, by a series of skilled architects. It is an octagonal white marble tower, 21 meters tall, whose weight—about 750 tons—counters the thrust of the inner dome. At the summit, the 'golden ball' was finally installed: the globe with the gilded copper cross, conceived by Filippo but made and placed by Andrea del Verrocchio in 1471. The only part left incomplete was the decorative scheme of the drum, which was to include a loggia and frieze. This task was entrusted to Baccio d'Agnolo in 1506, but disagreements among the experts (including Michelangelo, who mockingly dubbed it a "cricket cage") led to the suspension of work just ten years later, leaving only the southeastern side partially completed. The exterior's marvel continues within. The drum is illuminated by eight stained glass windows, nearly five meters in diameter, created between 1434 and 1445 from cartoons by the greatest artists of the Florentine Renaissance—Donatello, Ghiberti, Andrea del Castagno, and Paolo Uccello—and depicting the *Stories of Mary and Christ* (the eastern window was destroyed by lightning in the 19th century). Above, the immense fresco cycles spread across 3,600 square meters of the dome's inner surface, painted between 1572 and 1579, initially by Giorgio Vasari and, after his death, by Federico Zuccari.

This monumental painting represents the *Last Judgment* and partially reprises the subject and composition of the thirteenth-century mosaics in the Baptistery, reinterpreted through the lens of Michelangelo's monumental vision of the Sistine Chapel. This teeming composition of over 700 figures unfolds according to a complex iconographic program devised by court intellectual Vincenzo Borghini, who organized it

di corte Vincenzo Borghini, che le ordina in quattro registri orizzontali e otto settori verticali, corrispondenti agli spicchi della volta. Dall'alto verso il basso si vedono: nell'anello sommitale, dipinto ad affresco da Vasari, i 24 vegliardi descritti nell'Apocalisse. Sotto, campeggiano le gerarchie angeliche e angeli con strumenti della Passione; nel terzo registro – dove Zuccari sostituì Vasari e impiegò tecniche di pittura a secco – sono raffigurate famiglie di santi ed eletti, cui sottostanno triadi di personificazioni: una *Virtù* cristiana tra un *Dono dello Spirito Santo* e una *Beatitudine*. Infine, nel registro più basso si riconoscono sette regioni dell'Inferno, per ciascun peccato capitale. Lo spicchio est, in asse visivo verticale dietro l'altare, fa eccezione: vi è rappresentato *Cristo Giudice*, trionfante sulle personificazioni di "Mondo", "Tempo" e "Morte".

into four horizontal registers and eight vertical sectors, corresponding to the vault's segments. From top to bottom, one sees: in the uppermost ring, frescoed by Vasari, the 24 elders from the Book of Revelation. Below are the angelic hierarchies and angels bearing the instruments of the Passion. In the third register—where Zuccari took over from Vasari and employed dry painting techniques—appear families of saints and the elect, beneath whom are triads of allegories: a Christian *Virtue* flanked by a *Gift of the Holy Spirit* and a *Beatitude*. Finally, the lowest register presents seven regions of Hell, each corresponding to one of the deadly sins.

The eastern sector, aligned vertically behind the altar, contains a unique scene: *Christ the Judge*, triumphant over the personifications of 'World', 'Time' and 'Death'.

Giorgio Vasari, Federico Zuccari, *Demoni che affliggono le anime dei dannati*, settore nord-est della Cupola.

Giorgio Vasari, Federico Zuccari, *Demons afflicting the souls of the damned, northeast sector* of the Dome.

L'OPERA DI SANTA MARIA DEL FIORE
THE OPERA DI SANTA MARIA DEL FIORE

FIRENZE
FLORENCE

DUOMO, CUPOLA, CAMPANILE, BATTISTERO, SANTA REPARATA
CATHEDRAL, DOME, BELL TOWER, BAPTISTERY, SANTA REPARATA

Guida
Guide

Curatela di | Edited by
Vincenzo Circosta, Coordinatore Ufficio Vendite & Bookshop | Sales Office & Bookshop Coordinator
Giovanni Serafini, Catalogo digitale delle collezioni (Area Relazioni esterne) | Digital Catalogue of the Collections (External Relations Area)

Testi di | Texts by
Vincenzo Circosta
Giovanni Serafini
Monica Serrano, Coordinatrice della Comunicazione (Area Relazioni Esterne) | Communications Coordinator (External Relations Area)

SCRIPTA MANEANT
Giorgio Armaroli, Raffaele Martena Editori | Publishers

Federico Ferrari Direttore editoriale | Editorial director

Gianni Grandi Coordinamento campagna fotografica per Scripta Maneant e responsabile di produzione | Photographic Shoot coordination for Scripta Maneant and production manager

Gianni Grandi, Niccolò Cedeno Progetto grafico e impaginazione | Graphic design and layout

Asia Graziano, Laura Lopardo Redazione | Editing

Traduzione inglese dei testi a cura degli autori | English translation of the essays by the authors

La campagna fotografica per questo volume è stata eseguita da Scripta Maneant **BAMSphoto Matteo Rodella**, con la collaborazione di **Virginio Gilberti**, **Stefano e Basilio Rodella** e **Gianni Grandi**.

Photo shoot by Scripta Maneant - **BAMSphoto Matteo Rodella**, with the collaboration of **Virginio Gilberti**, **Stefano and Basilio Rodella**, and **Gianni Grandi**.

Altre immagini / Other images
Carlo Vannini: 26, 27, 30, 32, 33, 70, 71, 72, 73, 74, 75, 79.
Fabio Muzzi: 43.

SCRIPTA MANEANT Group
Scripta Maneant • Astra Maneant • Impronta d'Artista • Magnus Edizioni

Via dell'Arcoveggio, 74/2 - 40129 Bologna, Italy
Tel. +39 051 223535 | www.scriptamaneant.it

ISBN: 979-12-80717-65-8

In collaborazione con Opera di Santa Maria del Fiore, Firenze
In collaboration with Opera di Santa Maria del Fiore, Florence

OPERA DI SANTA MARIA DEL FIORE
FIRENZE 1296

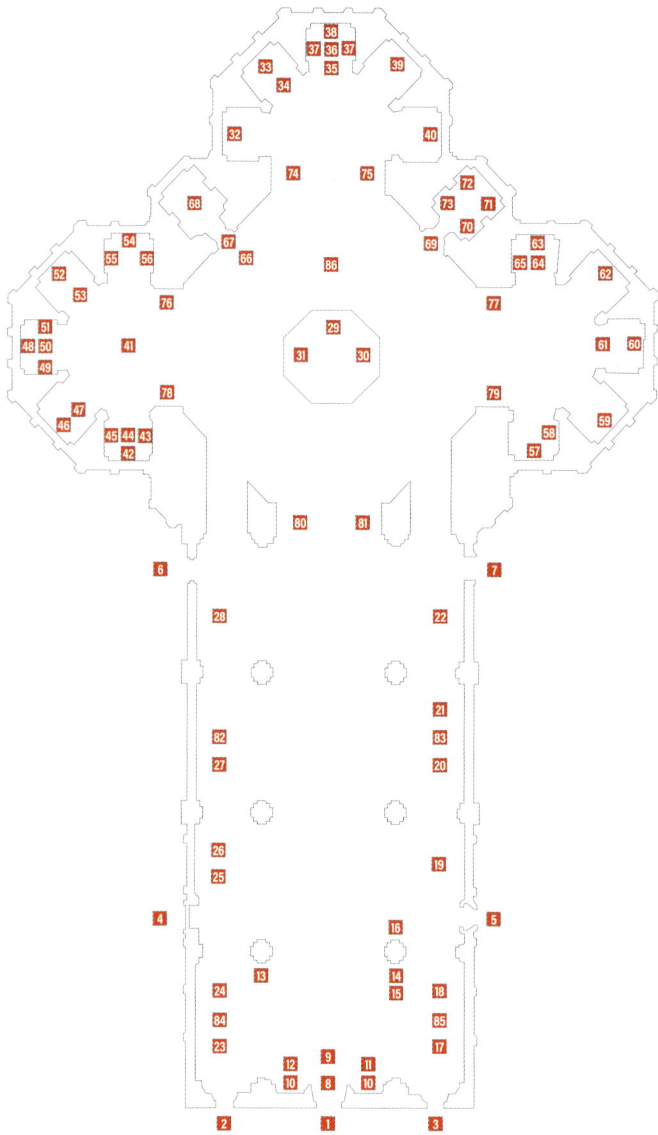

LA PIANTA DEL DUOMO
CATHEDRAL PLAN

1. Portale maggiore / Main Door
2. Portale nord (a sinistra) / North Door (on the left)
3. Portale sud (a destra) / South Door (on the right)
4. Porta dei Cornacchini, o di Balla
5. Porta del Campanile
6. Porta della Mandorla
7. Porta dei Canonici

LA CONTROFACCIATA E I PRIMI PILASTRI
THE COUNTER-FAÇADE AND THE FIRST PILLARS

8. *Orologio monumentale con quadrante affrescato da Paolo Uccello / Monumental Clock with a Dial frescoed by Paolo Uccello*
9. *Gaddo Gaddi (attr.), Incoronazione di Maria / Incoronation of Mary*
10. Santi di Tito, *Angeli Musicanti / Musician Angels*
11. Sarcofago di Aldobrandino Ottoboni? / Sarcophagus of Aldobrandino Ottoboni?
12. Tino di Camaino, *Monumento sepolcrale del vescovo Antonio D'Orso / Tomb of Bishop Antonio D'Orso*
13. Giovanni del Biondo (attr.), *Pala di San Zanobi / Altarpiece of Saint Zanobi*
14. Francesco Morandini, detto (known as) "il Poppi", *Pala di Sant'Antonino / Altarpiece of Saint Anthony*
15. Jacopo di Piero Guidi, *Acquasantiera / Stoup*
16. Ingresso alla visita ai resti della basilica paleocristiana di Santa Reparata / Entrance to visit the Remains of the Early Christian Basilica of Santa Reparata

I MONUMENTI COMMEMORATIVI E I MONUMENTI FUNEBRI
MEMORIALS AND FUNERAL MONUMENTS

17. Andrea Cavalcanti, detto (known as) Il Buggiano, *Monumento a Brunelleschi / Monument to Brunelleschi*
18. Benedetto da Maiano, *Monumento a Giotto / Monument to Giotto*
19. Bernardino Poccetti, *San Zanobi battezza i fiorentini / Saint Zanobi baptises the Florentine People*
20. Bicci di Lorenzo, Neri di Bicci, *Monumento a fra' Luigi Marsili / Monument to Friar Luigi Marsili*
21. Giovanni dal Ponte, *Monumento al cardinale Pietro Corsini / Monument to Cardinal Pietro Corsini*
22. Andrea Ferrucci, *Monumento a Marsilio Ficino / Monument to Marsilio Ficino*
23. Vincenzo Consani, *Monumento a Emilio De Fabris / Monument to Emilio De Fabris*
24. Aristodemo Costoli, *Monumento a Arnolfo di Cambio / Monument to Arnolfo di Cambio*
25. Benedetto da Maiano e bottega (and workshop), *Monumento a Antonio Squarcialupi / Monument to Antonio Squarcialupi*
26. Andrea del Castagno, *Monumento a Niccolò da Tolentino / Monument to Niccolò da Tolentino*
27. Paolo Uccello, *Monumento a Sir John Hawkwood (Giovanni Acuto) / Monument to Sir John Hawkwood*
28. Domenico di Michelino, *Dante, Firenze e i Regni della Divina Commedia / Dante, Florence and the Kingdoms of the Divine Comedy*